〈繋がる力〉の手渡し方

離陸の思想、着地の思想

野本三吉
NOMOTO Sankichi

現代書館

はじめに

ぼくは今、ぼくが育ってきた横浜の田谷という町（村）の自宅でこの文章を書いている。高速道路の建設が進められているが、ぼくの家の周辺の緑も土地も何とか守れそうで、窓の外にはたくさんの木々が葉を繁らし、犬や猫、リスや鳥たちがやってくる。まもなく二〇一六年が暮れようとする十二月十三日、ぼくは久しぶりに早朝から机に座り、これまでの暮らしをふり返る時間がとれている。

ぼくにとってのはじめての出版は一九七〇年九月の『不可視のコミューン』（旧版、社会評論社、新版新者書房）である。

今から四十六年前で、ぼくは二十八歳であった。

この本の「あとがき」でぼくはこう書いている。

「結論的にいってしまえば〈食〉と〈性〉と〈労働〉といった問題に集約できるように思う。最も基本的であって、大切な、しかも日常的なものを外に押しやり、非本質的な問題ばかりに追いまわされていた愚から、もう、ぼくらは目をさまさなくてはいけない。マグニチュード7・9の地震で、現代の都会は死滅する。少なくとも山のような死者はでる。そして、その時、まっ先に出てくるのが〈食〉

と〈水〉の問題である。その意味で、日本の農業に、ぼくは目を向けなければと思う。農業に目を向ければ、農業を成立させるためには豊かな共同体が形成されていなければならないという問題にぶつかる。そうだとすれば、疎になりつつある農村問題は憂うべき事態であって、今から本格的にこの問題にとりくまねばならぬとぼくは思う」

国家と市場経済の巨大な力が拡大し、ぼくら庶民の生活を抑圧する中で、新たな社会のイメージ、共同社会の可能性を考えながら、結局ぼくはそれからの五十年近い年月を、自分自身の生き方と社会像を模索するために歩き続ける旅をしてきてしまったという気がする。

三十代のぼくは、資本主義社会の安全弁のために作り出された不安定な就労状況におかれた人々の典型である日雇い労働者の街、横浜の寿町で暮らすことになった。

徹底して精神も肉体も消耗させられ、使用価値がなくなれば放置させられ、捨てられていく産業構造を「日雇労働」という雇用形態の中にハッキリと見せられることになった。

しかし、同時にこうした困難な状況の中でも人々は互いに支え合い、助け合って厳しい冬には、生き続けるために「越冬闘争」を続け、夏には、亡くなっていった仲間を思い、心の底から歌い踊る「寿夏祭り」に興じていた。

なぜ、このような差別と偏見が存在しているのかを知るための小さな学習会が開かれ、「労働者組合」が生まれ「識字学校」や「夜間学校」が生まれ、無料の診療所もつくられた。

四十代での児童相談所での相談活動の中では、社会から孤立していく家族の現実。

崩壊していく地域社会の絆の厳しさを、日々見ることになり、そこからの解放のためには地域からの共同性、暮らしの共同性をつくりあげていくことの重要さを実感させせられた。

五十代でぼくは横浜市立大学の教員となり、こうした社会が生み出されてくる社会的背景と歴史、そこからどうすればよいのかを必死で考えた。その一つの結晶が『社会福祉事業の歴史』（明石書店）である。その上で、ぼくは具体的に共同体社会を実現している姿が見たいと思った。

そして、思いきって向かったのが六十代の沖縄での生活である。

沖縄での生活は十四年に及ぶ。ぼくには、今沖縄は第二の故郷となっている。

独自の文化と歴史をもって暮らしていた沖縄の人々は、日本による侵略により、支配され文化も暮らしも抑圧されたが、共同性を失わず、第二次世界大戦での悲惨な地上戦の中でも「命どぅ宝」（命こそ宝）の生き方を大切に支え合って生き続けてきた。

沖縄で学んだぼくの思いは『海と島の思想』（現代書館）と『希望をつくる島・沖縄』（新宿書房）の中に書き込んだ。こうして、気が付いた時には、ぼくは七十歳を越えていた。

これ以後の生活は、ぼくの育った横浜で過ごそうと考えていたのだが、二〇一三年度沖縄大学学長選挙で再選されていまい、二期目の学長職を務めることとなってしまったのであった。

そこで、ぼくは、沖縄での総まとめの意味も込めて個人誌「暮らしのノート」を発行することにした。自分の気持をありのままに書き、信頼する仲間に送ることにしたのである。

ところが、それまでの過労もあって、その年の暮れに、ぼくは倒れてしまい、二〇一四年の三月、任期途中ではあったが大学をやめることになった。

苦しい決断であったが、七十二歳でぼくは職場を離れることになった。

しかし、沖縄でやりかけていたことがたくさんあり、少しずつ次の方々に引き継ぐことも含め、その後一年余りを沖縄で過ごした。

二十八歳の時にイメージした『不可視のコミューン』のイメージは何と五十年近い歳月をかけて、より具体的に見えてきたなアという気がした。

それは、きわめて単純なことで、今自分が暮らしている中で、互いに信頼し支え合う暮らしをつくっていくということであった。

それは地方自治を実現するということになるのだが、そこで暮らす人々が共に協力し、支え合って生きること、そして課題があれば一緒に考え、困難を克服していくということであり、一人でも苦しんでいる人がいれば、力を貸し合い安心感を日常的につくりあげることだと気づいたのであった。

ぼくが沖縄から横浜に戻ったのは、二〇一五年六月のことである。

来年には横浜の、それも田谷という小さな町（村）で本格的に暮らすことになると思っている。

そんな折り、月刊『公評』の編集部より声をかけていただいたので、二〇一五年四月号から「暮らしのノート」という連載をさせていただくことになった。

ぼくの暮らしの拠点（コミューン）が田谷という町（村）に定着するまでの、沖縄との交流のプロセスを記録することになった訳だが、二〇一六年の十二月号までの分を、今回はまとめることにした。

ぼくらは、暮らしの根を張るため、一度は離陸し、旅立つのだが、いつかは自らの定着する場へ戻ってくる。そして着地し、次の世代へと引き継ぐ暮らしを始めるのだと思う。それは社会そのものも同じで、今の日本もしっかりと着地すべき時にきているとぼくは思っている。

〈繋がる力〉の手渡し方

――離陸の思想、着地の思想――

＊目次

一、「生活者」から「暮らしのノート」へ

「学問方法論」との出会い

ぼくが「生活者」という個人誌を創刊したのは一九七二年五月五日のことである。

その年の四月一日、ぼくはそれまでの数年間に及ぶ日本列島放浪の旅に終止符を打ち、横浜市中区にあった寿町の「横浜市立寿生活館」の職員として生活相談の仕事に就いたのであった。三十歳の時である。その時以来、ぼくは毎月「生活者」という個人誌を発行することにした。きっかけは放浪の旅で出会った哲学者、森信三さんとの出会いであった。

生活の場は異なっていてもハガキ通信でつながっていく一種のコミューンを形成していた森信三さんは個人誌「実践人」を通じて全国の方々とネットワークをつくっていた。

ぼくの放浪の旅は北海道から南下して沖縄まで四年余り続くのだが、熊本県水俣市で女性史研究者の高群逸枝さんの夫、橋本憲三さんを訪ねたことがある。

高群さんはこの時既に亡くなられていたのだが、お宅に泊めていただき憲三さんと高群さんの女性

論についてジックリ話すことができた。その時、高群さんの女性論は男性に読んでほしいという思いで書かれたのだが、中々受けとめる男性がいない中で、農民詩人の渋谷定輔さんと哲学者の森信三さんは、もっとも熱心な理解者であると言われ、もし将来教師を目指すのであれば森信三さんと会いなさいと助言され、お会いすることになった。

森信三さんは、一八九六年生まれなのでお会いした時には七十三歳位であったと思う。

ちょうど現在のぼくと同じ位のお年であった。森信三さんは「人生二度なし」「真実は現実のただ中にあり」という信条を持ち、神戸大学の教授であったことから、教員となった卒業生を中心に、研修会を行っていた。

森信三さんは膨大な全集や著作集を出しておられるが、その中に『学問方法論』という著作があり、ぼくはこの本が気に入っている。

この中で、人は生きていく中で経験をつみ、自分なりに考え、その人なりの生き方を確立していく。その意味では全ての人が学問をし続けており、人生の晩年には自分の生涯をふり返り、記録をまとめておくべきだというのである。つまり、自分史をまとめることはぼくら全員の仕事であるというわけだ。この発想は、日々の記録を大切にしていた白鳥邦夫さんを中心とした「山脈の会」とも重なり、ぼくは自らの生活を記録しようと決めたのだった。

最初は、ぼくの知り合い一〇〇名への個人誌の発送から始まった。毎月一回、その月の間に起こったこと、考えたことを中心に文章を書き、写真も入れた。

こうして個人誌の刊行、発送が行われると必ず何人かの方から返信が届くようになる。その内容が興味深いものだと、次の号に紹介するようにもなり、中には自ら個人誌を発行して送ってくれるようにもなった。そうすると個人誌の交流が始まってくる。

そうすると、日々の生活の中に新しい発見や気付くことが多くなり、書くことが楽しくなってきたのも確かなことであった。

こうして数年後には何と八〇〇通を超える勢いになり、発送作業だけでも大変になってしまい、三〇〇部を一応の限度とするようになる。しかし、生活を記録することの大切さ、日々をふり返ることの意味についての自覚もぼくの中に定着するようになった。

そして、生涯寿町で暮らそうと思っていたぼくの気持ちも変化し、十年後には横浜市の児童相談所に職場を移すことになった。

路上生活者を十代の青少年が襲い暴力をふるい、その結果、人が亡くなるという事件があり、ぼくは若い子どもたちに寿町に暮らす日雇労働者のことを知らせたいという思いにかられ、学校生活になじめず荒れていく小中学生、高校生や若者と関わりたいと思い、児童相談所に職場を移し、これから先の展望が見えない中で苦しんでいる子ども、若者と向き合うことになった。

さらにその十年後には横浜市立大学の教員になるという予想外のことも起こった。

この間、ずっと個人誌「生活者」をぼくは発行し続けてきた。そして気が付くと二〇〇二年十月、ぼくは六十歳になっていたが、この時、沖縄へ転居することになった。

六十歳は還暦である。人生のネジをもう一度巻き戻し、人生の原点に戻って生き直したいとぼくは思った。

横浜市立大学の教員をやめ、妻と二人して沖縄に移り、沖縄大学の教員として再スタートをしたのである。

この大きな区切りの年に「生活者」の三十年分を三冊にまとめ、箱入りの合本として社会評論社から出版していただいた。今もズッシリと重い『生活者』の合本を読むと、三十歳から六十歳までの三十年間の生活がビッシリとつまり、また一つ一つの場面が浮かんでくる。

この「生活者」の発行年月日を、ぼくは一九八九年から「戦後〇年」と書くようにした。「戦後何年と数え続けるひとりひとりの会」の明良佐藤さんの影響である。

世界中を巻き込み、原子爆弾が投下され、数千万人もの人々が犠牲になり、文化や歴史が破壊されたあの第二次世界大戦を二度と起こしてはならないという思いを込めて戦後を数え続けようという志にぼくも共鳴したのであった。

そんな中、二〇〇一年九月十一日ニューヨークの世界貿易センターの事件があり、アメリカのイラク空爆が始まった。戦争は互いの憎しみの中から生まれ、終わりのない連鎖をくり返していく。

もう憎しみ合い殺し合うのではない生き方を作り出していかなければならないのではないか。

そんな世界が沖縄にはあるのではないか。

人と人、人と自然が共に受け入れ合い、共に生きていく暮らしがあるのではないかと思ってこの十年余り、ぼくは沖縄で暮らしてきた。

その間、南の島々四五島をジックリ時間をかけて歩いてみた。

沖縄の小さな島々には、まだ近代化される以前のユッタリとした時間が流れ、人間もまた生きものの一つとして生きられる世界があった。国家や市場原理に巻き込まれない素肌の生と自然が息づいていた。

しかし、そんな南の島々にも近代の波はヒタヒタと押し寄せ、都会の文化がテレビやメディアを通して次々と入ってきている。

この十年余りの年月、ぼくは個人誌を出せなかったが、『海と島の思想』『沖縄・戦後子ども生活史』（いずれも現代書館）、『おきなわ福祉の旅』（ボーダーインク社）などの本をまとめることができた。

さらに憧れて赴任した沖縄大学で、二〇一〇年から三年間、学長をつとめることになり夢中でその役を果たしてきた。

もうこれで役割も終わったと思っていたが、何とⅡ期目の学長に再選されてしまい、あと三年間、沖縄大学と関わることになった。

沖縄大学のモットーは、一九八〇年代に「地域に根ざし、地域に学び、地域と共に生きる、開かれた大学」とされ、以来この精神で運営されてきていた。ぼくはこの理念に心惹かれてきたし、創立五十周年にまとめられた「地域共創、未来共創の大学へ」という指針にも納得していた。

そこで、これからの三年間は、肩の力を抜き、学生や教職員と共にユッタリと暮らしていきたいと考え、二〇一三年四月から再び、個人誌を出すことにしたのだった。

「生活者」といった力んだものでなく「暮らしのノート」として自由に、ゆっくり生きたいと考え、スタートを始めたのだった。

「からだ」と「いのち」の声を聴く

大学の学長という仕事は、学生や教職員の生活の総括責任者ということもあり、精神的な負担はかなり重いのだなァと今になって思う。

Ⅰ期目の学長になった六月、学長になってまだ三カ月目の時、突然耳が聴こえなくなった。医師に相談したところすぐ総合病院を紹介され受診すると、即入院と言われた。

病名は「突発性難聴」。少しでも治療が遅れると治療が困難になるといわれたが、どうしてもやっておかねばならないこともあり、大学での業務の段取りをつけて数日後に入院した。入院は十日間。点滴やさまざまな治療を受け、何とか聴こえるようになり退院できた。

Ⅱ期目の学長の時も、やはりストレスや過労が原因と思うが、一年目の九月、突然ユラユラと部屋中が揺れ始め、気分が悪くなった。まるで台風の中を走る大型船の中にいるようで天井と床が入れ変わったりする。

そのままいると倒れそうなので、しばらく横になり目を閉じたが情況が変わらず、吐き気もあったのでトイレへ行くが、そこから動けなくなってしまい救急車を呼んでもらった。

担架に乗せられ、毛布でくるまれて救急車に入ったのだが目が開けられず苦しかった。やがて救急車のサイレンが鳴り走り出す。

頭の中はしっかりしていて判断はできるのだが気分は悪く、車内の揺れで何度か吐いてしまう。赤十字病院に入り、救急室で寝かされ、あわただしく医師や看護師が走り廻っているのがわかる。血圧は二八〇を超えており、心電図やCTスキャンが撮られる。

もうまかせるしかないのだが、目まいと吐き気がひどく、ベッドを移動する時は激しく吐いた。不安でならなかったが、そのまま入院となる。点滴は二十四時間続き、尿意が強いのだが起きると吐いてしまうので尿はビンで取ることになった。

こうして今回は六日間、ただひたすら眠り続けた。大学では定例の会議や行事があったが、執行部の先生方にお願いし、休むことに専念した。

さまざまな検査をしたがハッキリせず、「末梢性目まい症」が病名。

退院後は、大学に出ればスイッチが入ってしまい仕事はできるのだが、それ以来視力が極端に落ちている気がしていた。そこで総合病院の眼科を受診したところ、左目は〇・一を割っていた。裸眼では新聞も本も読めないためメガネをつくってもらったのだが黄斑変性もあり重なって見えたり歪んで見えてしまうので、読書も文章を書くのもかなり疲れるようになってしまった。

担当していただいた医師からは、手術も含めて検討しましょうということで琉球大学医学部附属病院を紹介された。

こうして十月の二日間、増幅剤を注入され、眼球の検査を入念にしていただき、一週間後、琉球大学附属病院へ結果を聴きに行く。眼科では再度検査をした上で主任の医師とお会いする。落ちついた先生で少し安心する。医師はレントゲンの写真を見せてくれ丁寧に説明をしてくれた。

そして、ぼくの目は「錐体《すいたい》ジストロフィー」とのこと。手術をするという方法もあるが、危険で体力も消耗するし、治る可能性は少ないとのこと。このまま目を休めつつ、生活していくのがよいのではないかという助言をいただく。

今のまま、仕事を続けていくのであれば失明もありうるという。

ぼくは現在、学長をしており、任期は後二年半ほどあるので大丈夫かどうか相談すると、即座に「無理でしょうね」と言われる。そして「私でしたらすぐやめますね」とも言われた。

錐体はものを見る時に一番よく見える部分の網膜の中心部に集中しているため、錐体が傷害されると視力低下、色覚異常、まぶしさを感じるなどの症状が進むという。また慢性進行性の疾患で今後も悪化する可能性が高いというのだ。

しかも今のところ治療方法はないとのこと。その夜、帰宅して妻とジックリと時間をかけて話し合った。

そして大学の教員はやめた方がよいという結論になった。大きな、しかし確実な人生上の変化が来ているのだと思った。

ぼくが失明した場合、大学にも迷惑をかけてしまう。しかし、やはり時期は大切だと思った。十月の後半は大学基準協会からの実地調査、実地査察がある。

七年に一度の大きな「自己点検・評価」の報告に対する総合評価が下る大事な業務だ。

この業務が終わった後、大学へは退職願を出すことにし、理事長と副学長には事情を話した。お二人とも「先生のおからだのことを第一にして考えましょう」と言ってくれる。

その夜の日記にぼくはこう書いた。「昨日がぼくの新しい人生、林住期の始まりになるという気がする。見えるという世界を意識し、その大切さを認識し生きていくという新しいスタートだ。今のぼくは見える。文字も書ける。青々とした木々も空も見ることができる。しかし失明もあるということは、やがてこうした光景が見えなくなるということである。

そうした日がやがて来るとしたら、それまでの日々は見ることができるという貴重な日々となる。考えてみれば人の命も有限であり、からだの一つ一つの機能も有限のはず。

その事実には気づいているはずだが、それが明確になった今は、一日一日の暮らしがきわめて大切な、いとおしいものに思える」

今回のぼくの視力の問題は、考えてみると今まであまり考えてこなかった「からだ」からの発信なのかもしれない。

無理をし、からだに負担をかけ、充分回復するユトリもないまま、休息もとらずに走り続けてきてしまったことに「からだ」が叫びをあげたのではないかと思えてきた。

ぼくには見ることはできないけれど、生命のもとになっている「いのち」が苦しんでいたのかもしれないと思えた。

これまでもさまざまな信号を出してきたのにわかろうとしなかったぼく。

突発性難聴も、錐体ジストロフィーも目まいもみな「からだ」や「いのち」の声を聴かず、無視し続けてきたことに対する必死の叫びだったのではないかという気がしてきた。

ぼく個人の肉体でいえば、からだやいのちと共に生きていることを再確認することになるけれど、社会でいえば他の人々との関係ということになり、地域や地球になれば風土や自然などを含めた、環境、動植物そして大地や川や海、山や谷、太陽や月、星々の光りなどとも共に生きているのだと感じる力、共感し共鳴することができるかどうか。そして、その叫びや願い、喜びが感じとれるかどうかということになる。ぼくの中で何かが確実に変わり始めていた。

いのち満ちる地域社会へ

こうしてぼくは二〇一四年の三月、沖縄大学の卒業式も無事に行うことができ三月末に大学をやめることができた。

全く自由の身になれ、これまでとは異なった時間の中で暮らすことができるようになった。

視力の問題は気になっていたが、視力だけをどうにかすることはできないので、目も含めてぼくのからだ全体を活性化させることはできないかと考え、四月から近くにあるプールへ妻と一緒に通うことにした。

プールには水泳をするコースとは別に、水中運動をするコースがあり、主に高齢者やリハビリを兼ねてからだを動かす目的で来ている人が多かった。女性の高齢者が多く男性は少なかったが気にはならなかった。

水中をユックリ歩き、立ったり座ったり、水を押しのけて進んだり止まったりする運動。

そのうちに水中ジョギングや後ろ向きに走ることも始まり、徐々に水に慣れてくる。

やがて水中眼鏡をかけホビングといって水中に潜り、ジャンケンをしたりゲームをする。

しばらくすると水に浮く練習が始まる。つい力が入ってしまい力むと沈むが、からだの力を抜くとスーッと浮いてくる。水にまかせる。水に包まれながら水とたわむれる。そんな感じになってきた。

ぼくのからだは硬かったが、少しずつ柔らかくなり、動きも滑らかになってきた。

その頃、すすめてくれる方があり「ヨガ」もやったらどうかということになり、並行してヨガ教室にも通うようになった。

指導者は七十五歳の女性。からだが弱く病気がちだったというコーチは、四十年以上もヨガをやり健康なからだになったという。

沖正弘さんの流れを汲む「沖ヨガ」で、呼吸と、からだを動かすことが中心の教室。

手をまっすぐ上にスーッと伸ばすことだけでもできないほど、からだにはクセがついてしまっていることにも気づかされた。

椅子に座り、デスクワークが中心の生活は、手や足を思いきり伸ばすことに慣れていない。前に曲げるだけの生活で、後ろや左右に曲げることが少なく、からだは硬くなっている。

はじめは少しきついのだが動かしていると背が伸び、手や足が伸び、そのことがとても気持ちよくなってくる。

「からだは動きたいのですよ。動くとからだが喜んでくれますよ」「自分のいのちが一番喜んでくれるような自分の生き方、からだの使い方、心の養い方、そして生活というものを発見すること、それがヨガなんですよ」

決して人の真似をするのではない。はじめは真似をしたとしても、自分なりの動かし方、生き方を見つけ、自分自身に聴いていく姿勢、それが大事だというのだ。

プールは週二回、ヨガは週一回だが、行かない時も、家にいても歩いていても、外にいても、いつでもからだは自由に動かせるし、呼吸もできる。したがって生きている時はいつでも自分のからだといのちと一緒にいるし対話ができるようになってきた。

四月から始めた水泳もヨガも、まもなく一年が過ぎる。気分もからだも落ち着き安定してきている。そして、定期的に眼科にも通っているのだが、視力はよくはならないが悪くはならないで現状維持のままである。

根をつめなければ、ユックリだが本も読めるし文章も書ける。おかげで個人誌「暮らしのノート」は、二〇号を超えた。読んだ方々からは手紙やファックス、電話などがあり、ユックリした交流が深まっている気がする。

そして沖縄では、戦後ずっと押しつけられ、県民の意見も聴き入れずにきた基地の問題が、いよいよ北部の辺野古（大浦湾）に大規模な形で新設されようとしている。

サンゴも多く、ジュゴンも棲むこの美しい海を埋めたて巨大な軍事基地が建設されるという動きに対して、沖縄県民はハッキリと「NO！」という声をあげた。

昨年（二〇一四年）一月、名護市長選挙では基地建設に反対する稲嶺進市長が二期目の当選を果たし、十一月には沖縄県知事に、辺野古基地反対を主張した翁長雄志さんが当選、さらに続く衆議院選挙の小選挙区では、四区とも反対の候補が当選した。明確な県民の意志表示が行われ、地域の人々の声を受けとめ、政治を行うという民主主義の理念からすれば、当然県知事の意見を聴き尊重しなければいけないはず。

しかし政府は、何回も上京し面会を求めているにもかかわらず会うことも拒否している。地域の声、沖縄のいのちの叫びを聴くことが今必要であるにもかかわらず、無視し続けている。ぼくの知り会いの女性はがまんできずハガキ通信をはじめた。

「私は寒さを押して年明けの二週目から、週に二回新基地建設反対のため辺野古での座り込みに参加しています。辺野古の運動は日々厳しくなっています。

海上では相変わらず海保の暴力的なデモ隊（カヌー）排除があり、ゲート前では毎日のように機動隊との小競り合いがあります。

駐車場として使っている場所への県警の干渉。ゲート前車道で人を下ろすために停車している運動員の車をせきたてるように後ろにぴたりとパトカーが張り付き、スピーカーを通して早くその場から離れるように警告をするなど嫌がらせとしかとれないようなことが日常茶飯事に行われています。

県民の多くが基地はいらないと言う結果が出ているにもかかわらず安倍政権は何が何でも沖縄に新たな基地を作ろうとしています。

沖縄は差別されています。……傍観者だけにはなりたくないという気持ちが辺野古へ駆り立てています。毎日のように辺野古で運動している人たちの足元には及ばないかもしれないが、できる限り反対運動をしていきたいと思っています。一人でも多くの人が辺野古の現実を知ってほしいと思いハガキを送らせていただきます」

この方は、地域の社会教育や子育て支援をしている母親である。やむにやまれぬ思いが、今沖縄に渦巻いている。一人ひとりの行動、生き方が互いに連なり合って地域の動き、人の動きが始まっている。ぼくにはこうした動きが一つの仕事に見える。生きるための仕事に見える。

農業や漁業をやっているのと同じ仕事に見える。給与をもらって基地をつくる労働は、自らのからだといのちから生まれてくる仕事ではない。ぼくは今、いのちから発せられる言葉や行動をつなぎ合わせ、共に生きる「いのち満ちる」地域社会をつくりたいと思っている。この「暮らしのノート」は、そんな思いで一歩一歩書き進めていきたい。

二、暮らしから見る「戦争」

東京大空襲と妹の死

一〇万人を超える市民が亡くなったといわれる一九四五年三月十日の東京大空襲から今年（二〇一五年）で七十年が経過した。

東京への最初の空襲は、一九四二年四月十八日。太平洋上の空母から飛び立ったB25によるもので、川崎市、横須賀市、名古屋市、四日市市、神戸市もその日に同時に空襲されている。それ以後、アメリカ軍はマリアナ諸島を拠点として、一九四四年十一月二十四日以降、B29爆撃機による本土攻撃を本格化させ、死者は約三三万人、被災者は九七〇万人にも達したといわれている。

なかでも一九四五年三月十日の東京大空襲は凄まじく、グアム、サイパン、テニアンから飛び立ったアメリカ軍のB29爆撃機は約三〇〇機といわれ、約二時間余りで東京の四分の一が焼失した。

この東京大空襲の時、ぼくは両親と妹の直子と四人で東京の下町、墨田区本所に住んでいた。連日の空襲に加え、この日は特に激しい爆撃が予想され、ぼくらは母に手を引かれ防空頭巾を被り、近くにある町内の防空壕へ急いでいた。その時ぼくは三歳。妹の直子は生後十カ月で母に背負われていた。ようやく防空壕に着き中に入ると、後から後から逃げてくる人が多く、奥へ奥へと押され、ぼくらは一番奥に押しつけられるような感じになってしまった。

この夜の空襲は、この周囲に散在している軍需産業の生産拠点である中小企業と、その周辺の市街地を焼き払うことが目的といわれ、三月九日の夜半から十日の明け方にかけて、約三八万発（一七八三トン）にも及ぶ焼夷弾を投下し、東京の下町は強い北西の季節風にあおられ、わずか二時間半余りの間に、あたり一帯は焼きつくされ、焼失家屋は二六万戸、死者は一〇万人以上にも及んだ。

周囲の大人に押され、息苦しさの中で、ぼくは泣くこともできず、ジッと耐えていたが、ズシーンと大きな音をたてて弾丸が落ち、防空壕の天井から砂ぼこりが落ちてくる恐怖の中でオシッコをもらしたのをよく憶えている。

この時の様子は次のように記されている。

「隅田川をはさんだ下町一帯は全くの火の海と化し、最後まで防火に当たろうとした人々は白煙にまかれて逃げ道を失い、白鬚橋から吾妻橋にかけて道路といわず、川のふちといわず、焼死者の屍がるいるいと横たわるという惨状を現出した」（『都政十年史』東京都、一九五四年刊）

空襲が終わり、入口に近い人から外へ出ることができ、ぼくらも母に手を引かれて防空壕から出たのだが、周囲はまだ火の手があがり、白煙や黒煙が舞い上っており、建物のほとんどは焼け落ち崩れていて、以前の風景とは思えなかった。

そんな中を少し歩いていくと、まっ黒な木が倒れていて、よく見ると焼死した人の姿であった。逃げ遅れたり、煙に巻かれて亡くなった人々や子どもの遺体があちこちに散乱していた。

そして、周囲にたちこめる異様な臭いに目がくらむような気がした。

母の手にしがみつき、家の方へ向かったが隣家も含め、ぼくらの家も完全に燃えてなくなっていた。茫然としていた母が、背中の妹のことが気になり、背負いひもをゆるめて、ぼくに見てほしいというので、ぼくは妹の鼻をつまんだ。

直子は、鼻をつままれると呼吸ができないので、いつもすぐ泣き出すので、ぼくはとっさに鼻をつまんだのだが何の反応もなく、ぼくの手にはグニャリとした感触だけが残った。

「お母さん、変だよ、直子泣かないよ」

ぼくがそういうと、母は瞬時に気付いたようで直子を降ろし、胸に抱いたのだが、この時妹は亡くなっていた。おそらく人混みの中で窒息死したのであろう。苦しくても泣けず、防空壕の暗闇の中で、爆弾の音を聞きつつ息をひきとったのだと思う。娘を失った母の悲しみは例えようもないほどであった。ひきつった顔で必死に妹のからだを揺さぶり「目をさましてちょうだい！」と叫んでいた。

この日、妹はわずか生後十カ月でこの世を去った。少しして父とも会ったのだが、町内の消火活動をしていた父は、まつ毛が燃えてしまい、目がほとんど開けていられない状態であったが、二時間余りバケツに川の水を入れて走り廻っていたのであろう、妹の死を知るとガクリとひざを落とし、母と抱き合って泣いていた。　以来母は、三月十日になると妹の小さな位牌の前で、一時間余り座り込み、妹に話しかけ肩をふるわせて泣いていていた。

その姿は、母が亡くなるまで変わることはなかった。

戦後七十年目の今年（二〇一五年）、ぼくは前日の三月九日に東京で研究会があったので参加し、一日予定を伸ばして都立横網町公園で行われていた追悼式に足を運んだ。戦後、母に連れられてもとの家の周辺や、隅田川の周辺を歩き、空襲の話を聞いたことがある。

この本所のあたりを歩いたのは、それ以来であった。年輩の方々が花束をもち、東京都慰霊堂に並び、復興記念館にも足を運んでいた。

かつての本所区と向島区が合併して墨田区が誕生し、墨田区の半減した人口も一九五三年には戦前の水準に戻り、一九六八年には国民総生産（GNP）は世界第二位になるほどの経済成長をとげた。

しかし、この日ぼくの中にはいくつもの不安が渦巻いていた。集団的自衛権が認められ、自衛隊が海外へ出かけて行くことが現実化し、特定秘密保護法が発効し、ぼくらには知らされないままに行われていくことが合法化されたこと。

原子力発電所の廃水の問題すら何も解決しない中で再開が決められ、オリンピックが二〇二〇年には開催され、沖縄の辺野古には、県民の反対にもかかわらず、新基地の建設が強引に押し進められている現実があること。

二〇〇一年、この横網町公園に「東京空襲犠牲者を追悼し、平和を祈念する碑」（「記憶の場所」土屋公雄作）がつくられ、この内部に「東京空襲犠牲者名簿」が納められている。

妹の名も数年前に報告し、この名簿に載っていると思うのだが、この日は人の列が長く、ぼくは公園の一隅で、空に向かって手を合わせた。

妹が生きていたら、ぼくと二歳違いで、もう七十歳を超えている。どんな仕事をしていたであろうか。また素敵な人と出会い、結婚し子どもも育てていたに違いない。きっと孫に囲まれ、ぼくらと語り合っていたと思う。

そうした妹の人生が、あの戦争によって、大空襲によって根こそぎ奪われてしまったことがつらく悲しい。

あの戦争で、全世界では二〇〇〇万人、日本だけでも三一〇万人の命が失われ、奪われた。戦争は人の命を奪い、その暮らしを破壊し、歴史や文化、生き甲斐をも消してしまう。

ぼくは、このことを決して忘れない。

沖縄は忘れない、あの日の空を

ぼくが沖縄での生活を始めたのは二〇〇二年の四月。美しい自然と海に囲まれた沖縄での暮らしが始まって二年後の二〇〇四年八月十三日。何と沖縄の中部にある沖縄国際大学に米軍の大型輸送ヘリコプターが激突し、墜落炎上するという事件が起こった。

日本全体の中で、沖縄の面積はわずか〇・六%。その沖縄に日本の七四%の米軍基地が集中しているという恐ろしい現実をその時、ぼくはまざまざと目撃することになった。

この日は夏休みで、大学には学生も少なく大事故にはならなかったが、もし平日で授業が行われていたとしたらと考えると身ぶるいがする。

ぼくらは、その日沖縄大学で会議中であったがそのニュースを知って、すぐテレビをつけると黒煙が吹き上がり、事故の激しさが伝わってきた。基地が暮らしの中にあるということは、こうした大事故と隣り合わせだということなのだと思い知らされた。

しかも、次の瞬間に展開された光景は沖縄の現代の位置についても思い知らされるものだった。

「普天間基地のフェンスを乗り越え、第二駐車場から乱入してきた米軍部隊第一陣につづいて、さらに武装した数百名の米兵たちがあっという間にキャンパスを占領……。渡久地学長をはじめ、大学関係者の立入りや警察の現場検証の要求も拒否……。以降、一週間にわたって、現場に指一本触れさせなかったのが米軍当局でした。米軍は、この間、めちゃくちゃに焦げあがった機体を、小さな部品さえも一つも残らず持ち去ったのです……。

さらに異様な防護服を着用した米兵の姿もカメラがとらえています。……周辺が放射能汚染されているのではないかという疑念が浮上しています」(「沖縄国際大学米軍ヘリ墜落事故学生対策委員会レポート」)

その後、米国大使館の発表で、事故機には放射性物質ストロンチウム90を含む装置があったことが判明している。

この事件があって、沖縄における米軍機の事故を調べると、その数の多さ、そして悲惨さに驚かされる。中でも一九五九年六月三十日に石川市(現、うるま市)の宮森小学校での米軍ジェット機(F一〇〇D戦闘機)墜落事件は筆舌に尽くし難いほどつらく悲しいものだった。

米軍嘉手納基地を飛び立った戦闘機は、上空で操縦不能となり、パイロットは脱出する。

機体は右旋回し民家をなぎ倒し、子どもたちのいる宮森小学校を直撃し炎上した。この時も安否を気遣って駆けつけた父母たちの前で米軍は現場を封鎖した。この事故で、住民六名、学童一一名（後に後遺症で一名死亡）が亡くなり、重軽症児童は一五四名、住民は五六名という大惨事となった。

この宮森小学校の大惨事から五十年目の二〇〇九年六月三十日、宮森小学校では「追悼集会」が行われ、事故当時、小学校二年生だった平良嘉男校長が、この事故を風化させてはならないと「石川・宮森六三〇館」設置の呼びかけをし、当時の遺品を集めることにした。

校庭には「仲よし地蔵」があり、この祈念碑には亡くなった子どもたちの名前が刻まれている。

嘉手納町では、二〇〇〇年から騒音測定を行っているのだが、五十年目の「慰霊の日」（六月二十三日）の騒音（七〇デシベル以上）が何と、その一日だけで二五〇回を超えたのである。

自らが求めたのではない基地のために苦しんでいる沖縄県民のことを考えない、このような態度を知り、ぼく自身も何かをしなければと考えるようになった。

こうした背景の中で、宮森小ジェット機墜落事件を描く映画をつくる計画が浮上した。

事件当時、もっとも若い教員であった豊濱光輝さんが三冊の証言集『沖縄の空の下で』をつくり、この証言集をもとにシナリオがつくられ、沖縄県映画センターが製作を担当してくれ、沖縄復帰四十周年記念作品として『ひまわり～沖縄は忘れない　あの日の空を』がつくられることになった。

脚本を作家で琉球大学教授の大城貞俊さんが担当してくれた。

「宮森小学校ジェット機墜落事故の関係者が記した証言集を読んだ時、一つのエピソードが私の心を揺さぶった。担任の教師へひまわりを手折って渡した少年が、数時間後に墜落事故に巻き込まれて命を奪われる。担任の教師は、少年の命を守れなかった悔しさと同時に、なぜひまわりを自分に渡したのかという問いをずっと考え続けてきたという。私はこのエピソードを読んで、すぐに映画のタイトルを〈ひまわり〉とすることに決めた」

こうして製作はスタートしたのだが、完成させるためには膨大な費用が必要になる。そこで「映画『ひまわり』を成功させる沖縄県民の会」をつくることにし、県内外の人々と一緒に映画を製作することにした。

その呼びかけの文章にぼくはこう書いた。

「あの日のつらい記憶を一人ひとりが紡ぎ出し、語りついだ貴重な証言（体験）集をもとにこの映画はつくられます。

あの日のことは、単なる過去のできごとではなく、沖縄の現在、そして未来とも密接につながっているのです。

あの悲しみと痛みを共有することで、これから生まれ育っていく子どもたちが安心して生きていかれる社会ができるかどうかが問われているのです……。

私たちは、ひまわりを愛し、担任の先生にさし出した幼い少年の夢と願いをシッカリと受けとめたいと思います。

戦争と基地、武器のない世界をつくり出し、夢と希望に満ちた社会をつくり出すために、私たちはこの映画づくりを支援したいと思っています。ひまわりは平和と抵抗の花です。希望と支え合いの花です。

この映画製作を通して、私たちは生きる意味、平和の大切さをかみしめたいと思っています。一緒に〈ゆいまーる〉文化をつくるために歩き始めませんか。固い固い握手をあなたと」

そして、県内外から多くの方々が応援してくれ、製作費用が集まり、二〇一二年暮れに映画は完成し、各地で上映された。

この映画の、ラストで、主人公の良太はこう語っている。

「あの日のことを何度も忘れよう、忘れようとしました。だけど忘れられるものではありません。忘れてはいかん、絶対に忘れてはいかん。一緒にいるのさ、ずっとずっとみーんな私と一緒にいるんさー。あの時と同じように一緒にいるん……。あんたたちがいれば絶対に沖縄は大丈夫さ。あおーい平和が戻ってくるさ」

誰もがこの世に生まれてきた以上、生きたいと思っていたに違いない。それが理不尽な力によって奪われてしまったこと、さまざまな可能性が奪われてしまったことは忘れてはならないと思う。ぼくは、この映画の製作に関わっていた数年間、ずっと妹のことを考えていた。今も考えている。戦争は私たち人間がつくり出したもの。だとすれば私たちは戦争をやめることもできるはず。そんな思いが、からだの奥の方から湧き上がってくる。この映画のもとになった証言集『沖縄の空の下で』の編集をされた「石川・宮森六三〇館」の会長であった豊濱光輝さんが、つい先日亡くなられた。一緒に語り合った日々、そして一心にうなずきながら遺族の方々の話に聴き入っていた姿がぼくには今もクッキリと残っている。「ひまわり」は、人の心と心をつなぎ、歴史と文化を繋ぐ花のような気がする。

こうして受け継がれていく文化は、政治や経済の力に拮抗する深く豊かな力を持っていると今は思えるようになった。

戦争という仕事を拒否するために

二〇一五年三月初旬、名護市辺野古の新基地建設予定地へ行って来た。

辺野古にある大浦湾の海岸にある基地反対のテントでの座り込みは、三月三日で三九七一日目になっている。もう十年を超える日々、一日も休まず名護の人々や支援の人々がやってきて座り込みを続けている。雨の日も風の日も、台風の日も猛暑の夏の日でもこの座り込みは行われている。

また、沖縄県民の意志は、これまでの県民集会だけでなく最近の三つの大きな選挙でも示されている。

昨年（二〇一四年）の名護市長選挙では、二期目の市長選に、辺野古基地建設に反対する稲嶺進さんが当選した。また沖縄県知事選挙では、反対の立場の翁長雄志知事が一〇万票の差をつけて、基地建設を承認した前知事を破って当選した。

さらに前回の衆議院選挙では、四つの小選挙区全てで基地建設反対の議員が当選している。この主要な三つの選挙の結果をみても、沖縄の民意は明らかなのに、日本政府はこれを認めようとも受け入れようともしない。

さらに県知事が首相に会いに行っても面会すら拒否している。

また、翁長知事が、前知事の埋立て承認について検証するための第三者委員会を設置し、その結果が出るまで埋立て工事を中止してほしいと要請したにもかかわらず、埋立て工事を強行している。しかもその工事のために打ち込んだコンクリートブロックによってサンゴが砕かれ、破損していると県が注意しても全く聞く耳をもたない。

辺野古にあるキャンプ・シュワブのゲート前ではテントを張って、ここでも連日抗議集会がもたれているのだが、三月四日にはこのテントを解体、撤去する作業が県機動隊によって強行された。

この日、三月四日は「さんしんの日」で、一八人の三線の演奏者がこのテント前で「かぎやで風」を弾き続けた。

機動隊が踏み込んできたのは午前九時一五分頃。演奏者が音合わせをしている時であった。屋根がとり払われ、小雨の降る中、三線の音は、高く低く響き続き、演奏者は弾き終わるまで動かなかった。「ウチナンチューは悲しい時も怒った時も三線を弾いてきた。沖縄の文化はアメリカーでも奪えないさ」。抗議行動に参加している辺野古区の島袋文子さんは、八十五歳だが、三線に合わせて「かぎやで風」をずっと口ずさみながらそう言っていた。ぼくはこの間、ずっと何故戦争は無くならないのだろうかと考えてきた。

そして大きなヒントになったのは、戦争も一つの「仕事」と考えてみるということだった。

農業や漁業をするのと同じように戦争も仕事である。戦争で働く人は、軍人、兵士ということになる。

軍人、兵士の仕事とは何か。もちろん戦争に参加し闘うことだが、その軍人、兵士が守るべきものとは何かと考えた時、兵士は自ら闘いたくて闘っているのではないのではないかということであった。

『戦争における「人殺し」の心理学』（デーヴ・グロスマン著、ちくま学芸文庫）という本があるが、その中で、兵士といえども人を殺すには強力な抵抗感があると述べている。

第二次世界大戦でも進んでライフルを発射する兵士は一五％程度。

したがって人殺しをすることへの抵抗感をなくすための洗脳、徹底した訓練をするのだという。

したがって兵士という仕事のもっとも重要な任務は、命令に逆わないということになる。

自分の判断ではなく、やれといわれたことに忠実に従い行動すること、この任務が最重要な仕事の中身になる。

もっとハッキリ言ってしまえば、自ら判断するのではなく、言われたことを守り、実行することとなる。

それが守れなければ、仕事をやめるしかない。仕事をしたければ、自分の考えを捨てること。単純に言えばそうなってしまう。

いつどこへ行き、何と闘うのかは全て命令であり、拒否できない。それが兵士の仕事。

だとすると、ぼくらの仕事はどうか。上司の言うことに忠実であるという仕事をしているとすれば、それは兵士と同じになる。

こうした構造の中に、実は兵士的生き方、戦争の日常化があるのではないかとぼくは思うようになった。

谷川俊太郎さんの詩に「いや」という作品がある。

いやだ　と言っていいですか
本当にからだの底からいやなことを
我慢しなくていいですか
我がままだと思わなくていいですか

親にも先生にも頼らずに
友だちにも相談せずに
ひとりでいやだと言うのには勇気がいる
でもごまかしたくない
いやでないふりをするのはいやなんです

大人って分からない
世間っていったい何なんですか
何をこわがってるんですか

いやだ　と言わせてください
いやがってるのはちっぽけな私じゃない
幸せになろうとあがいている

宇宙につながる大きな私のいのちです

（『子どもたちの遺言』、佼成出版社、二〇〇九年）

この詩を知ったのは、早稲田大学で開かれた「子ども・若者フォーラム」（ワーカーズコープ主催）で、谷川俊太郎さんと、若者たちのトークセッションの時。

数カ月、ホームレスをしていたという青年が、学校や家の中で生きづらかった自分の意味がこの詩でわかったという。

そして、今ほんとうに自分のやりたいことがやれ、言いたいことが言えるようになりたいと思ったと語り、ワーカーズコープの方々と清掃の仕事を始めて、ほんとうに自由になっています、と話した時であった。

ぼくらはいつのまにか、親や教師によって、また学校や会社によって自分の判断を奪われてしまっているのではないか。

いやなことを「いや」とハッキリ言え、やりたいこと、心から喜べることを言ったりやったりできる暮らしを取り戻すこと。

それが、人の命を奪い、人の幸せや生き甲斐を奪うものから訣別できる道なのではないかという気がする。

暮らしから見ると「戦争」は、宇宙につながる生きる喜びと対極にあるもので、日々の暮らしを豊かにすることによって、戦争を無くしていくことが可能になるかもしれないとふと思ってみたりするこの頃である。

＊いま、この原稿を読み返しながら、日本の現状は刻々と戦争に向かって進んでいるように思われてならない。戦争放棄と武器を保持しないと明確に書かれている憲法九条に反して自衛隊はつくられ、今まで禁止されていた海外派遣も認められ、海外での武器使用も行えるようになってしまった。

そして、沖縄での新基地建設反対の訴訟も、高裁の決定をそのままに最高裁が認めてしまうという驚くべき現実がどんどんと進んでしまっている。基地という存在は、何よりも戦争を前提として作られている。基地からは、戦争のあるたびに戦闘機が飛び立つ。基地をなくすことは、戦争をなくすことと再認識している。

三、六十一年ぶりのクラス会

戦後史を生きた世代

二〇一五年三月二十六日、この日の横浜は快晴であった。ぼくは久しぶりにＪＲの戸塚駅前に立ち、青い空を見上げていた。

ぼくがこの近くにある小学校の教師としてこの駅に降り立っていたのは一九六〇年代。駅の周辺には雑多な商店が並んでいたが、現在のような高層のビルはなかった。

列車が通る間、かなり長い時間待たねばならなかった大踏切は有名で、ぼくらは上下する列車をズッと見ていた記憶がある。現在は、あの大踏切もなくなり、地下道を通るようになっている。

このあたりもスッカリ都会になってしまい、見上げるようなビル群が林立している。

二階の駅前広場を下り、駅前の橋を渡ると本日の待ち合わせ場所「アピタ戸塚店」の大きなビルが見えてくる。

この日は横浜市立豊田小学校の旧六年一組のクラス会の日。

ぼくらがこの豊田小学校に入学したのは一九四八年（昭和二十三年）である。まだ戦後間もない時期であり、日用品や衣類、食料なども不足していて、みんな貧しかった。そんな暮らしの中で、学校に行くことは当時の子どもたちにとって何よりの楽しみであった。まず給食があった。コッペパンに粉ミルク、そしてわずかなおかずが付いている程度であったが誰もが残さず食べて、余分が出ればどの子もほしがった。

学校ではよくDDTという白い粉を頭からかけられた。シラミ退治のためであったが全員がまっ白になって、校庭を走り回っていた。

家でもノミがよく出て、かゆくて眠れないため、一晩中ノミ取りをしてプツンプツンと爪でつぶしたのもよく覚えている。

海人草という薬も呑まされたが、翌朝トイレに行くと白くて長い回虫がニュルリと出てきてビックリしたものであった。

ぼくらが小学校を卒業したのは一九五四年（昭和二十九年）のことである。

ぼくらは、一年から三年までは分教場に通い、四年生から本校に通うようになったのだが分教場はワラ葺き屋根の校舎で、二、三年は複式で一緒の教室であった。

朝鮮戦争が勃発したのは一九五〇年。

児童憲章が制定されたのも一九五一年五月五日のことであり、厳しい時代の中、戦後の復興が始まっていた頃である。

当時の生徒数は五七名。小さな木造の教室は一杯で、一番後ろの生徒は、隣の教室の先生の声も聴こえてしまい、授業に集中できない状況であった。勉強ができてもできなくても、そんなことには関係なく、子どもたちはよく遊び、そしてケンカもした。

小学校を卒業してから何と六十一年もの歳月が経過している。十二歳の子どもたちは、七十三歳になっているのである。

はたしてお互いに分かるかどうか不安だったのだが、待ち合わせの時間が近づくにつれ、集まってくる初老の男女は、声をかけ合い、名前を告げあい、再会を喜び、笑い声も起こり始めた。やがて会場へのマイクロバスが到着し、クラス会の行われる「寿司店」に集まると、一気に子ども時代に戻って、にぎやかな会話が始まっていった。

この日参加したのは、先生も含め二二名。

全員が揃ったところでさっそく式が始まり、それぞれの自己紹介が行われたのだが、これまでの六十年余の人生は、とても語りつくせないものだということがよくわかった。

あらためて、ぼくらの世代は、戦後史そのものだということに気付かされたのである。

ぼくらの世代は、一九四一年四月から一九四二年三月までに生まれている。第二次世界大戦が始まったのは一九四一年（昭和十六年）十二月八日。この前後に出生しているのである。

日本の戦後史が今、大きな転換点を迎え、日本国憲法が改正されようとしている重大な時代の中で、ぼくらの世代の生活史をシッカリと見直し、検証しておかねばならないのではないかとクラス会の中で考えていた。

ぼくらのクラス会は今回が最初ではない。

第一回が行われたのは一九八九年の三月二十六日であった。この頃、ぼくらは四十七歳、四十八歳の働き盛りであった。

この第一回が行われたキッカケは、同級生の一人、小板橋勝君が戸塚駅近くに和風料理店「水車」を開店したことにある。

この「水車」の開店式は一九八七年十一月のことであった。同級生が開店するというのでぼくもお祝いに行ったのだが、そこで何人かの同級生に出会った。

その後、ぼくも度々「水車」へ行くようになったのだが、同級生の鈴木征夫君と会うことが多く、小板橋君と三人で「クラス会」をやりたいなァと話すようになり、何回かの実行委員会を行い、一九八九年に第一回のクラス会が開催されることになったのである。

この時は、三八名の同級生と二人の先生を合わせて四〇名の参加となり、二次会、三次会と延長され、夜遅くまで話はとぎれなかったのをよく覚えている。この時は、小学校を卒業して三十五年ぶりのクラス会で、誰もが元気でこれからの夢を語ってくれたのが印象に残っている。

その後、ぼくは毎月発行していた「生活者」という個人誌に、同級生を訪問して、その暮らしや生きてきた様子を載せ、全員に送ることにした。タイトルは「それぞれの三十五年―同世代の生活史」。この連載は約三年続き、三〇名余りの同級生を訪ね、語り合った内容が記録されている。

その中で、小板橋君のことが今も鮮明に記憶に残っている。小板橋君はお母さんと二人暮らしでお母さんは、あみものや洋裁で勝君を育ててきたのだが、小学校二年生の時、勝君は角膜移植の大手術を受け片目が不自由になってしまったのである。

お母さんは何とか一生使える技術を身につけるようにと勧め、勝君は中学校を卒業すると伊勢佐木町の寿司店に住み込む。早朝から夜遅くまで勝君は必死に働き、店の大奥様やお母さんに支えられ、修業を続け、銀座の「天國《てんくに》」や、赤坂、日本橋などの店で和食も身につけ、病院の「病人食」までつくるようになった。

こうして名種の調理師免許の他、ふぐ包丁師、調理師指導者の資格もとり、調理学校の教師であった知江さんと知り合い結婚。

いよいよ独立をしようと考え、一九八五年から準備をはじめた。しかし、お母さんはその開店を楽しみにしながら、開店を待たずに亡くなられたのであった。

酒もタバコもやらず、健康にも気をつけている勝君は、今も週に二回は築地に鮮魚を買いに午前四時には出かけているという。その小板橋君の口ぐせは「私はまわりの人に恵まれたんだと思う。こうして今やっていられるのも皆さんのおかげ。これからも友人や先輩を大事にしてお返しをしていかなければ……」である。

こうして小板橋君の生き方を見ていると、戦後の一人の典型的な日本人だという気がしてならない。

そして同世代のぼくらには何か共通なものがあるような気がしている。そこで一九四一年生まれの著名人をリストアップしてみたことがある。

萩本欽一（タレント）、徳光和夫（アナウンサー）、伊藤エミ、ユミ（ザ・ピーナッツ）、倍賞千恵子（俳優）、柄谷行人（文芸評論家）、横路孝弘（国会議員）、岩下志麻（俳優）、日色ともゑ（俳優）、江田五月（国会議員）、渡哲也（俳優）、坂本九（歌手）、植村直己（冒険家）、川谷拓三（俳優）……（『生きる場からの発想』社会

評論社、野本三吉著）

こうしてみると、日本人としての文化、伝統のようなものを宿しつつ、新たな社会をつくっていこうとしている生き方が伝わってくるような気がする。

戦前と戦後を繋ぐ、大事なものを背負わされた世代なのかもしれないとも感じる。

四八人全員から届いたハガキ

今回のクラス会は、ぼくが沖縄から戻ってくるということから、久しぶりで会いたいということになり、昨年の暮れに実行委員会が立ち上がり、三十五年目のクラス会と同じ三月二十六日に行おうということになったのだった。

その時、ぼくも含めて五人の実行委員が集まったのだが、そのうち三人の方はお連れ合いを亡くしており、それぞれの夫（妻）の話をしてくれたのであった。

一般的には人は結婚し、家庭を持ち子どもを育て世代を継いでいくことになるのだが、七十歳を越えると、夫婦の一方が亡くなるという現実も起こってくる。

その三人の方のうち二人は、現在は一人暮らしということであった。子どもたちはいるが、離れており、一緒に住むことが難しく、一人暮らしだが、体の具合が悪い時などは不安でならないという。

そして、クラスの仲間のことに話が及ぶと同じような独居生活の人がかなりいることもわかってきた。

もう一つは、健康上の不安であった。手、足、目、耳などが不自由になり、外出も難しい人とか、糖尿病や脳梗塞などのため体調不良の人も多かった。

そこで、クラス会の案内に添えて近況報告を書いてくれるようにハガキを入れることにした。既に亡くなった人、行方がわからない人を除き、連絡のとれた人は四八名いたので、四八名にその旨を書き込んだ手紙を発送したのである。

その結果、何と四八名全員から返事が届いた。

その連絡は、沖縄にいるぼくがやったのだが、予定の日までに全員からの返事がきた時には正直うれしかったし驚いた。

その中からいくつかを引用してみる。

「妻を亡くして一年二カ月になりますが、まだ気持の整理がつかず、事あるごとに妻のことを思い出してしまいます。

近頃は故人の追善供養のために、御朱印帳を手にして、各お寺を訪ねて仏像拝観を行っております。少しは気持が落ちつきます。

どうぞ皆様によろしくお伝え下さい」

「夫が他界して五年、また息子の嫁が数年前に出産のため入院し、トイレにて脳出血で倒れ、生命をとりとめたものの左半身不随、いわゆる障がい者になり、嫁の介護を行うため、わが家に引きとり、子育ても私がやっています。

その孫も、スクスク育ち思いやりのある子になってくれ、幸せを感じています」

「久しぶりの同窓会、喜んで出席したいのはやまやまですが、実は昨年一月に脳梗塞に見舞われまして、現在は歩行と会話に難がある次第ですので、残念ながら出席できません。せめて皆様とお話が出来るまでになれたら、その節には是非、出席させていただきたいと思っております。皆様には他山の石としてご自愛されますように」

「心臓が悪いので、発作を起こすと心配なので欠席いたします」

「私は二〇一二年に脳梗塞で三カ月半入院し、リハビリで大変でした。歩くのが苦手になってしまいました。読めますか。こんな字しか書けなくてごめんなさい」

こうした返信が全員から届き、ぼくは感動していた。どの人も小学校時代の姿がついこの間のことのように思い出されてくるのに、その間の六十年余の生活が、一人ひとりの人生を変え、また形づくってきている。

プライベートな部分は削って、この返信の内容を伝えたいと思い、そのコピーをつくり全員に送ったのだった。

同じ時代に小学生として過ごし、その後中学を卒業してからさまざまな人生を経て、そして今、七十三歳になったぼくら。

その仲間の人生は、他人ごととしてではなく、もう一つの自分の人生のように伝わってくる。

そして会いたいなァと思う。会えなくても何かを一緒に感じとりたいとぼくは思った。

クラス会がある数日前、実行委員の鈴木征夫君から手紙が届いた。その中に、次のクラス会を二〇一八年（平成三十年）にやりたいと書かれていた。

三年後だが、その時ぼくらは七十七歳になる。

その時まで目標をもって生き抜こうというのだ。鈴木君の手紙も引用しておく。

「いよいよ三月二十六日をまもなく迎える。

次は平成三十年度にやりたい、どうか体を大事に病気にならないよう賢明に生活を送ってほしい。元気でいたいが生身の体である。

何十年も働き酷使すれば、あちこち傷んでオーバーホール。誰しも何か持病に悩まされる。

私もその中の一人である。

朝目がさめる。目はまだ見える。あすは目が見えるだろうか。これは病気と闘ったことのない人には味わうことのできない深い深い幸福。

病を患い独り暮らしの寂しさと老後の不安がよぎる。私は十二歳で母を亡くし、平成二十一年に次男、平成二十四年には妻を七十歳で亡くしている。

人間誰しも親の健康と長寿を願わない子はいない。私がクラス会の日を定めた訳がそこにある。今回のクラス会はできた。

次は平成三十年三月二十六日。目標が設定できる。私は皆さんの健康と笑顔を見るのを最高の宝としている。

平成三十年の節目、恩師九十歳、私達七十七歳の佳節を砦としてのクラス会を終了したいと思います。そこまでは何としても生き抜きたいと思います。共に頑張りましょう。」

鈴木征夫君の一文字一文字、刻み込むように書かれた手紙を見て、クラス会が彼の生きる大きな目標になっているのだと感じた。

こうしてクラス会は行われ、自己紹介が行われたのだが、その中で心に残った話がある。

一つは、茨城から来てくれた笈川英俊君。

大企業で定年までシッカリと働き抜いた笈川君は退職後、前々からやりたかった植木職人になるため「植木学校」へ行って学び、その後植木職人の元で修業を三年余りしたという。

そして今は「一人親方」として植木職人をしているのだという。庭の手入れや、植木の注文があるとそこへ出かけ、依頼主と話し合って、植木の手入れをしてあげているという。

帰りぎわに笈川君と握手をしたのだが、ゴツくて厚い掌はやはり職人の掌であった。

そして何よりも笑顔がステキだった。

もう一人は、結婚して四国の香川県丸亀で四十年余も暮らしてきた松原美佐子さん。

いろいろ考えた末、子ども時代を過ごした故郷（横浜・戸塚）に戻ってくることに決め、一昨年、家も土地も手離し生まれ育った土地で生活を再び始めたとのこと。

今は娘さんも一緒に住んでおり、やはり帰ってきてよかったという。

人間は自分にふさわしい風土、場、暮らしがあるに違いない。自分に適した場で、心の許しあえる人と共に暮らすこと、それが一番自然なことなのではないか。松原さんのマイクで歌う姿を見ていてぼくはそう納得していた。

暮らしの一瞬一瞬がその人をつくる

クラス会が終わってしばらくたつ。

ぼくは個人誌「暮らしのノート」（二三号）に「六十一年ぶりのクラス会」の報告を書き、四八名全員に送った。また小板橋君が撮ってくれた写真や会計報告も実行委員会から送られた。

さらに参加者からも手紙が届いている。

「先日は楽しいひとときを過ごす時間をつくってくださりありがとうございました。

昨日小板橋さんより当日の記念写真が届きました。彼はお店の方も続けていらっしゃる由、ほとんどの方がリタイアされているのに早朝からの仕入れ等、大丈夫かしらと案じていますが、無理しないように御自身も気をつけていらっしゃるのでしょうね。

集合写真を眺めていますとあの時の誰かが唄うカラオケ、声高に笑い合う遠慮のない会話などが混然となって蘇り、思わずほほがゆるんできます。小板橋さんの写真、あの場の雰囲気がよく出ていますね。」

こう書かれた早川春江さんは、今はお連れ合いのお仕事の関係で福岡県に住んでいる。

多くの方が、早川さんと似た感想で、これからも時々会いたいと書かれている。

ぼくは、もし可能なら横浜に戻ってから、同級生のお宅をもう一度ジックリお訪ねしたいな、と思っている。

そして、ぼくにもいくつかの変化があった。

ぼくは横浜に戻るために、長男家族と一緒に住むために家を「二世帯住宅」に改造してもらっているのだが、もう一つ、家のお墓が大分手入れがされていないので改修工事をお願いしていた。

ぼくの住んでいる田谷という町は、ほとんどが土葬で、墓石を移動すると、土の中から骨が出ることもあるというので数日間立ち合ったのだが、小さな骨壺が一つ出てきたという報告を受けた。

ぼくの父と母のものは、火葬にしたので骨壺に納まっているのだが、それ以外にはありえないと思っていたのだが、弟と話し合っているうちに、それは妹の直子のものではないかということになった。

直子は、一九四五年三月十日の東京大空襲で亡くなったのだが、三歳だったぼくは妹、直子の遺骨がどうなったのかは知らなかった。

父と母は、娘の遺体をどういう形でか持ち帰り、わが家の墓に埋めたのかもしれない。

弟の連れ合いの小夜子さんが、ぼくらの母親とお墓に来た時「お母さんが、直子さんのお骨をお墓の隅すみに埋めたのよ」と話してくれたのを覚えているというのだ。

何ということか。戦後七十年目に妹の骨壺が現れ、父と母と同じ所に納められることになる。見えなくなっていた歴史が、ぼくらの目の前にハッキリと姿を出したのだ。これは偶然ではないような気がしてきた。 そして、もう一つは、亡くなられた作家の小田実さんの「人生の同行者」(妻)である玄順恵(ヒョン・スンヒェ)さんから電話があり、ぼくの沖縄大学での最終講義を聴かれて、小田さんが亡くなられてから毎年行っている「小田実さんの文学と市民運動を語り考える会」の講演会で話してほしいという依頼があった。

ぼくにとって小田実さんは彼の著書『何でも見てやろう』を読んで以来、ずっと憧れの人であった。その小田さんが、二〇〇七年七月に七十五歳で亡くなられた。それ以来、この会は行われ、今年は第八回目だという。

ぼくは最終講義の中で、小田実さんの夢を見たことを話している。

夢の中でぼくは小田さんと会い、話を聴くことになるのだが、小田さんはこう言うのだ。「見えないものを見る力、聴こえないものを聴く力、忘れられたものを見つけだす力、これをもってほしい」「ぼくもいつか忘れられる。見えなくなっていく。でも忘れないでほしい」「みんな忙しくて、いろいろな事で忙しいけれど、いちばん大事なことは見えないものを見る力、忘れられたものを掘り出す力、そして、捨てられたものを蘇らせる力です」

そして、夢の中の小田さんは、少年の頃の大阪での空襲で見たことを一気に話し出し、そのことを忘れないでほしい、伝えてほしいとくり返す。ぼくは聴きながらボロボロと涙をこぼすんです。そして多くの人に、このことを伝えなければと思いつつその場を離れる、そんな夢だった。

玄さんは、小田実さんの文学について、七月十八日に、東京の市ケ谷にある私学会館で話してほしいと言われる。

そして、その後の交流があり、資料もいただくことになって、信じられないことが起こってしまいそうなのである。

玄さんから送っていただいた資料の中に、インタビューに応える玄さんの言葉があった。

「亡くなって気付いたんです。時には限りがあるということを。……

すべてのものには時があって、どれほどいとおしい者同士でも百年も一緒に生きることはできないんですね。

だから今がいとおしいし、人間がいとおしい。いとおしい人たちと生きているのだと思うと、心が平和になります」

「未完となった『河』（小説）の後を頼むと言われましたけど、それは出来ないし、してはいけない。でも違う形で書いてくれという意味だったんじゃないか。……『河』に、〈人間の一瞬一瞬がその人を作る〉という言葉があります。

一瞬の時はいとおしく、その蓄積が人間なんだという、小田の思いでしょう。

だから時をいとおしんで大切にしたいと思っています。人の生きている時間は限られているんですね。」

六十一年ぶりのクラス会、そして日々出会う人との関わり。それが間違いなく歴史であり文化だという気がする。

ぼくは、妻、晴美と五月中には沖縄から横浜へ戻る。何が始まるのか、どんな出会いがあるのか、ユックリと考えながら日々を歩いていきたい。

四、暮らしの中の子どもたち

安心して休める場のない子どもたち

今年（二〇一五年）の二月、川崎市川崎区の多摩川河川敷で中学一年生の上村遼太君（当時十三歳）が、首など数カ所を切られて殺害されるという痛ましい事件が発生した。

しかも、その後上村君も加わっていた遊び仲間の三人の少年たち（十八歳、十七歳）が殺害容疑で逮捕されるということになり、多くの人々にショックを与えたのであった。

上村君の母親は女手一つで子どもを育て、離島から上京したばかりで厳しい生活状況であったこともわかってきた。

この事件から一カ月後の三月二十二日の日曜日、ぼくは久しぶりに川崎に出かけた。

この日、子どもや若者たちに向き合って活動してきた人々の話し合いの中から「困難を抱える若者のサポートを考える学習会」（主催、かわさきチャイルドライン・フリースペースたまりば）が準備され、ぼくも参加者の一人として声をかけてもらったのであった。

この学習会の呼びかけ人である西野博之さん（川崎市子ども夢パーク所長）は、はじめにこう話された。

「私たちはなぜ子どもたち、若者たちの発するSOSに気付かなかったのだろうか。助けてとさしのべられた手をつかむことができなかったのだろうか。子どもや若者たちと向き合ってきたはずの私たちだったのに…。私たちは今、生き難さを抱え苦しんでいる子ども・若者たちにとって、本当の支援とは何なのかを真剣に考えねばならないと思います」

会場の川崎市高津区役所の五階の会議室は、川崎市だけでなく近隣の市町村からも多くの方々が参加され一杯となった。

川崎市は、今から二十年ほど前、日本で最初に「子どもの権利に関する条例」をつくった自治体である。

その条例の27条にはこうある。「子どもには、ありのままの自分でいること、休息して自分を取り戻すこと、自由に遊び、若しくは活動すること又は安心して人間関係をつくり合うことができる場所が大切であることを考慮し、市は、居場所についての考え方の普及並びに居場所の確保及びその存続に努めるものとする」

西野博之さんが、自分の居場所のない子どもたちのためのフリースペース「たまりば」を作ったのは一九九一年。

そして川崎市が「子どもの権利条例」に基づいて「子ども夢パーク」をオープンし「フリースペースえん」を夢パーク内につくり、その運営を「たまりば」に委託したのが二〇〇三年のこと。

それ以来、いろいろと実践を重ねながら、居場所には「自分はここにいていいんだ」「ひとりじゃないんだ」「自分には生きている価値があるんだ」と思える自己肯定感を育てることが大切なのだと考えるようになった。「フリースペースえん」は、日本初の公設民営のフリースペース。誰でも来られる場所。

年齢や国籍、経済的状況、障がいのあるなしに関わらず、さまざまな背景を持つ子ども・若者が自由にやってきて、しかも自分たち自身が主人公となって行動できる居場所になっている。

この日の学習会には「わかもの互立（支え合い）ネットワーク」や「あすなろサポートステーション（児童養護施設等退所者のアフターケア）」などさまざまな活動に参加している人々が参加していた。

一般的には「自立支援」というが「互立」というところも興味深かった。

互いに関わり合い、成長し合うことを意識して「互立」としたというのも納得。

この集団の中に、沖縄のテレビ局のスタッフが参加していた。琉球朝日放送（ＱＡＢ）の報道部ディレクター、秋山和代さんと撮影スタッフである。

秋山さんは、この一年間、沖縄の子どもたちの居場所支援の実態を追ってきていた。

そして今回の川崎の事件と、「フリースペースえん」の活動と、この学習会に関心をもって駆けつけてくれたのであった。

秋山さんたちの番組は「今、救いの手を―子どもの貧困ＳＯＳ」というタイトルで四月二十七日に放送された。

ところが沖縄ではその直前の四月九日の早朝、悲しい事件が起こってしまった。

沖縄市で長年にわたって子ども・若者たちの居場所づくりを続けてきた、「サポートセンターゆめさき」の代表である上江田紫寿江（本名、静江）さんが、物盗りに入ってきた十八歳の若者に殺害されてしまったのである。

上江田さんは、まだ六十三歳という若さでこれからの活動が期待されていた方である。昨年、不登校や引きこもりの若者を支援する拠点「子ども・若者みらい相談プラザｓｏｒａｅ（ソラエ）」が那覇市内に開所し、上江田さんは総括責任者となり活動が始まったばかりであった。

上江田さん殺害容疑で逮捕された少年（十八歳）は物心つく前に両親が離婚している。中学までは食事などの世話をする祖母宅と父親の住む自宅を行き来する生活を送る。しかし、一方で寂しさ故か万引きや窃盗がたび重なり、少年院にも入り、保護観察中であった。かつて大阪のパチンコ店でアルバイトをしていた時、少年が通っていた飲食店の経営者と親しくなり、その店長にこう語っていたという。「自分は少年院に入って勘当され、見捨てられた」（『沖縄タイムス』二〇一五・五・二）

こうした少年の生育史を見ていると、彼の周辺には信頼できる人や友人がいなかったのではないかという気がする。

また安心して暮らせる場や休めるところもなかったのではないかと思える。

こうした子ども・若者たちの居場所づくり、相談所をつくることに情熱を注いでこられた上江田さんにつながれなかったことが悔しく、また無念である。

内閣府の発表によれば二〇一三年度の不登校の小中高校生の数は、約一七万人であるという。様々な対策が立てられているが不登校の生徒が減るようには思われない。

また、高校中退の生徒数は約六万人、そして十五歳〜三十四歳までの若年無業者（いわゆるニート）は六〇万人にも及ぶという。

さらに引きこもっている子ども・若者の数は約七〇万人というのである。

安心して休めたり、くつろげたりする居場所のない子どもたち、そして気軽に話せたり相談できる仲間のいない、いわば孤立した子ども・若者たちが確実に増加していることが、こうした数字から浮かんでくる。

ぼくが横浜から沖縄に引っ越してきたのは二〇〇二年のことである。

日本各地の都市部を中心にしてさまざまな子ども・若者をめぐる事件が多発する中で、沖縄は比較的ユッタリとし落ちついているように思っていたのだが、ぼくが沖縄に来た翌年の二〇〇三年六月、沖縄県北谷町吉原にある米軍基地の裏の地中から、桑江中学校二年生の座喜味勉君（十三歳）の殺害された遺体が見つかるという事件があった。

そして座喜味君の遊び仲間であった中二男子（十三歳）、中三男子（十四歳）、無職少年（十六歳）、そして中三女子（十四歳）の四人が死体遺棄容疑で逮捕、補導されたのである。「調べに少年らは、二時間近くにわたって座喜味君に殴るけるの暴行を加えたり、木の棒や鈍器のようなもので殴打、脈がないことを確認した上で地中に埋めているという」（『沖縄タイムス』二〇〇三・七・六）

このような事件について琉球大学の東江平之名誉教授（社会心理学）は「かつては沖縄で見なかった事件が出始めている。沖縄の社会が根底から崩れ始めている象徴的な現象だろう」と語っている（『沖縄タイムス』二〇〇三・七・七）。

これまで子育てを担ってきた地域社会が崩壊し始めている兆候が沖縄にも拡大してきたとぼくには感じられた。

出会いと経験が子どもを育てる

ぼくが子どもの問題に関心をもち始めたのは、一九六四年に大学を卒業して横浜市内の小学校教員になってからである。

小さな子どもたちと毎日関わることによって、ぼくは人間の原形質は子どもなのではないかと真剣に考え始めるようになる。

ぼくは日々の経験がもったいなくて「なかよし」（後に「21世紀」に変わる）という学級通信を毎日発行していた。

そこに子どもたちとのやりとり、気付いたこと、発見したことを書き、生徒たちに渡していた。

はじめは、子どもたちを育てるのは教師であるぼくの仕事だと思って、全力をあげるのだが、日々変化し成長していく子どもたちの姿を見ていると、家庭での生活や地域社会での出来ごと、そこで経験していることが実は子どもたちを育てているのだと気付くようになった。

つまり、日々の経験や出会いが子どもたちの血となり肉となっていくと感じるようになっていったのである。

だとすれば知識をつめ込むのではなく、学校生活の中でも、一つ一つを大切な体験として身に付けてもらえるよう工夫する必要があると気付くようになった。

また、一人ひとりの体験や気付いたことを書いてもらったり発表してもらい、クラス全員のものにしていくことも考え、気付いたことを学級通信に載せていくうちに、学級通信を子どもたち自身がつくるようにもなっていった。

この思いは、よりハッキリしてきたので最近まとめた本の中で次のように書いてみた。

「現代の学校教育が子どもたちにとって魅力のないものになってしまったのは、学校での生活が現実の生活や地域での生活と切り離されてしまったことにあると考えてみた。

切実な日々の暮らしとつながって経験が蓄積され、新しい発見が拡がっていくという具体的な実感が伴ったものであれば、子どもたちにしても、教師や大人たちにとっても学校教育の魅力は拡大するはずである。……

いわば地域そのものが学校であり、地域社会そのものが巨大な教室になる。

教師はこうした経験の現場コーディネーターとして、その経験を再構成、再組織化するためのサポート役になっていくこと。

つまり子どももまた一人の同時代人（当事者）として参加し、さまざまな問題の解決策を模索することにつながり、学校の魅力は増していくはずである」（『子どもとつくる地域づくり』学苑社、二〇一四年）

こうした考え方になってきていたぼくは、数年間で教師をやめ、日本列島を放浪した後、横浜の日雇労働者の街、寿町で子どもたちと関わりつつ地域づくりに取り組んだ。

そこでまとめたのが『裸足の原始人たち―横浜・寿町の子どもたち』（新宿書房、一九九六年）である。「ドヤ街に住む子どもたちは、飼いならされた家畜ではなく、自由に野山を駆け回る野生のたくましさと可能性を一杯に秘めた裸足の原始人だ」というのが、この本のテーマだった。

それ以来、子どもたちを暮らしの中に解き放ち、暮らしの中で地域の人々と共に育てていくことがぼくの夢となった。

沖縄に来て二年目に、子どもたちが地域社会から切り離され、孤立化した集団の中で不安や不満をぶつけ合ってしまう現実を知って、地域社会の中で生きることができる社会環境をどうつくれるかを考え合うため、学生たちと大学で開催した学会の中で「今、沖縄の子どもたちは」というシンポジウムを行うことにした。

それが、二〇〇六年五月に行われた日本社会臨床学会（第14回総会）の中で行われたシンポジウムである。

シンポには、石川キヨ子さん（みどり保育園）、宮城秀輝さん（県子ども会育成連絡協議会）、砂川恵正さん（県中央児童相談所）、坂本清治さん（久高島留学センター）、浅野誠さん（浅野にんげん塾）の五人が参加。

子どもが地域活動に参加することで、大人の自治活動も活発になった例や、子どもを守る地域力の重要性が再確認され、シンポの結びには、子どもに関わる人が連携して子どもの未来を模索する「沖縄子ども研究会」の設立が提言されたのであった。

こうして、一年後の二〇〇七年五月五日に「沖縄子ども研究会」は発足する。

「沖縄子ども研究会設立宣言

沖縄は地縁、血縁の濃い地域といわれており、子どもたちも地域の子どもとして、ユイマール精神のもと、のびのびと育ってきました。しかし、近年の社会情勢の変化により、地域共同体は崩壊し、厳しい経済状況の中、児童虐待や深夜はいかい、いじめ問題などの深刻な児童問題が起きています。

にもかかわらず、沖縄の子どもたちを総合的に研究し、またその研究成果を実践する集まりが実現できない状態にあり、地域での多くの実践が蓄積・共有されにくい状態にありました。このような現状にかんがみ、沖縄の子どもたちと子どもたちを取り巻く環境に関する研究と実践を総合的に行い、沖縄における児童問題の改善に寄与することを目的として、沖縄子ども研究会を設立します」

こうして、沖縄大学のぼくの研究室を事務局として、初代の事務局長は当時学生であった海野高志さんが担当してくれた。

こうして子ども研究会は、県内各地での学習会、交流会を行い、県内の各団体、グループのネットワークをつくりあげることになった。

また、この時期に「九州・沖縄地区子ども支援ネットワーク交流学習会」も結成されることになり、二〇〇七年八月に沖縄大学で第一回の交流学習会が開催された。

このキッカケは、人権教育に取り組む九州地区県同教連絡協議会（九同教）との二年余りの交流会の中でまとまったもので、沖縄県教育委員会の担当者も参加して準備会が進められてきた。

第一回の交流学習会では、沖縄県内、福岡県から参加したパネリストらが、経済的困窮や育児放棄などの家庭に関わった事例を報告。

子どもが学ぶ環境を整えるには、家庭への支援が不可欠であるとして、学校と福祉行政の連携についての意見交換が行われた。

この交流学習会からは「おきなわ子ども支援ガイドブック」が刊行され、教育委員会を通じて各学校や団体に配布されている。

そして、この二〇〇七年に、沖縄大学には県内初の「こども文化学科」が新設され、小学校教員や、子ども関係の職業につく学生を育てることになり、ぼくにとってはピッタリの学科の誕生となった。

子どもを軸にいかに地域社会をつくれるかが、その後のぼくの重要な課題になった。

「子どもを守る文化会議」の開催

二〇〇七年からスタートした「沖縄子ども研究会」は、県内で活動する子ども支援のグループを繋ぎながら、県内全体としての新たな制度づくりを目指すところまできていた。

そこで二〇一〇年三月には、全国の活動団体の力も借りて、県内の新しい子育て運動の動きをつくり出すため「第55回日本子どもを守る文化会議」を沖縄大学と沖縄尚学高校を会場として開催することにしたのであった。

二日間にわたる集会には六〇〇名を超える参加者があり、熱気あふれる会議となった。

初日のパネルディスカッションでは、沖縄の子どもを取り巻く現状が報告され、子どもの保育や教育を支える体制づくりが遅れている背景に「基地問題」や「貧困問題」があることが指摘された。

パネルディスカッションの冒頭で新崎盛暉沖縄大学理事長は、施政返還や米軍基地への抵抗運動に追われた沖縄の戦後史を振り返り、「沖縄では教育や福祉に手が回らなかった側面があるのは明らか」と発言した。

田嶋正雄（沖縄タイムス）は、全国学力テストの正答率を上げることにとらわれている県内の学校教育に疑問を提起し、テストの結果が二極化していることも指摘した。

その結果、疎外感を感じたり、そのために将来社会的に自立できない若者が増えていくことになるのではないかと発言した。

知花聡会長（県学童保育連絡協議会）は、市町村が設置している公設の学童クラブが、全国では八三％に上るが、県内では七％しかないという厚労省の調査結果を報告した。

その上で「学童クラブに子どもを預けられるのは経済的に余裕のある家庭だけで、厳しい子どもは家で孤立することになる」と指摘。

また、ファミリーサポートセンターの與座《よざ》初美会長（県連絡協議会）は「保育のすきまを埋めるのが私たちの事業だが、沖縄はそのすきまがあまりにも大きい」と、保育行政の不足を指摘した。

乳幼児の時期から、保育の環境は二極化し、底辺の人々の暮らしは放置されているというのである。

その傾向は学童期にも引き継がれ、結局は貧困の世代間連鎖を生み出している。

元児童相談所長の山内優子さんは、貧困社会が親のネグレクトや子どもの非行に大きく影響を及ぼしていると指摘し「基地問題に議会も行政も振り回され、沖縄にとって一番大切な財産である子どもの問題が後回しにされている」と訴えた。

二日目の分科会は一六に分かれ、それぞれに白熱した討論が行われ、具体的な課題が次々と出され、充実した文化会議となった。

この集会に先立つ一月九日に、ぼくらは「うるま市民芸術劇場」を会場に「誰がこの子らを救うのか?―今、子どもたちに起こっている現状と課題」という緊急集会を開いた。

この集会では、二〇〇三年に北谷町で起こった座喜味君(十三歳)殺害事件後、北谷町では全ての中学校で、課題のある生徒一人ひとりに複数の大人が関わる支援体制をつくり、ずっと継続してきていた。

その前年、うるま市でも類似の少年事件があったことから北谷町の取り組みを受けとめそこから学ぼうと考えたのである。

北谷町では事件のあった一カ月後から「少年サポート会議」が各中学校に設置された。そして課題のある生徒一人ひとりに、担任と地域の民生・児童委員ら数名がチームで支援に入る。また生徒の状況に応じて、役場の福祉担当職員や児童相談所のケースワーカーも関わり、保護者の悩みも聞き、経済的に厳しい家庭は生活保護につなげることもあるという。

二〇〇七年には「家庭支援会議」と名称を変え、家庭にも足を運び、話し相手にもなるようにしている。

学校では問題行動のあるグループにいる生徒個々の特徴や興味のあるものに着目し、披露する場を設け、周囲から存在価値を認められる具体的な場づくりをつくっていった。

さらに町内会も参加し、地域の中小企業が問題行動のある中学生を、キャリア教育の名目で学校と連携し預かり、生活リズムを整え、職業体験をさせることも始めた。

二週間ほどの体験で、生徒は夜型の生活習慣が昼型に変わり、将来への夢も持つようになったという。パネリストとして発表した冨底正得さんは北谷中学校の校長として教育改革をし、今は嘉手納町の教育課長をしている。

北谷町での八年間をふり返りながら「地域や学校が連携し、一人を数人の大人が見ることで、子どもたちにも安心感が生まれ、学びや将来への意欲も湧いてきている。学校でも三〇人学級や、暮らしと関わることを取り入れ、地域での音楽やダンス教室にも参加させ、さまざまな人と関わりつつ、自分を発揮できる環境をつくることが大事だと思いました」と語ってくれた。

この緊急集会の成果も文化会議には反映された。

こうした成果も踏まえ、念願であった『沖縄子ども白書』（ボーダーインク社、二〇一〇年）を刊行することもできた。

その後、県内では児童相談所の一時保護所が一カ所、分室（石垣市）が一カ所増設された。

また、糸満市では子育て応援隊「いっぽ」が誕生し、若年出産や経済困難で苦しんでいる保護者の支援に当たっている。

今年に入ると県内の弁護士会が中心になって、虐待や家庭環境のために安心して暮らせる居場所のない十代後半の若者が緊急に避難できる施設「子どもシェルター」の設置準備が進んでいる。

また、沖縄市では独りきりや子どもだけで食事をしている「孤食」の子どもたちと一緒に食事のできる「ももやま子ども食堂」がオープンすることになった。

地域の方々の支援があり、地域の子ども食堂として、新たな拠点づくりになりそうだ。

さらに「沖縄県子ども総合研究所」が設立され、これまでの夢であった県内の調査、研究が始まることになった。

そんな時、沖縄県は「子どもの貧困実態調査」を行うと発表し、事業を実施する団体を公募するとのこと。

県内の子どもの貧困の実態、子どもの暮らしや成長に与える影響、そしてそれを解決する対策への提言が含まれる本格的なもの。

先日、その説明会があり「子ども総合研究所」のメンバーとして参加したのだが、行政とも協力して、県内の力を受けとめながら内容のある「子どもの貧困、実態調査」にしたいと考えている。

子どもは、家庭だけでも、ましてや学校だけでも育たない。双方を含んだ地域社会の中で育っていく存在である。

子ども・若者を軸にした、新たな「子縁社会」実現の可能性が、沖縄から全国に拡がっていけばうれしい。

五、暮らしの原風景

下町と農村での記憶

近年起こっているさまざまな事件の背景に、安心して心を休めくつろげる「居場所」がないのではないかと指摘されることが多い。ありのままの自分でいられる「場」が少なくなってきているのではないかという気がする。

ぼくらの日常生活で言えば、一番安心できるところは「家庭」だと言われてきた。しかし、一番くつろげるはずの家庭の中にさえ、緊張を強いる雰囲気ができてしまったように思われる。

家にも学校にも、そして職場や地域社会の中にも「居場所」がないという状況が、社会におけるさまざまなトラブルの原因にさえなっているのではないかという分析もある。

ぼく自身、十数年にわたって沖縄で暮らし、まもなく、ぼくにとっての故郷である横浜へ戻るところなのだが、あらためて「家の原風景」について少し考えてみたい。

ぼくはどのような「場」で暮らし成長してきたのか、今の時点でまとめてみたいと考えている。

ぼくは東京で生まれ、幼少期は東京の下町で育ってきた。

父と母が出会い結婚し世帯をもったのが東京都墨田区であった。父は東京芝浦電気の技術工で、いわば技術者として働いていた。母は家の仕事を手伝い、近くのセルロイド工場でも働いていた。二人は父方の伯父が開業していた個人病院の離れを借り、そこに新居を構えて暮らし、一九四一年十一月末にぼくが最初の子どもとして誕生している。

夜中に母が産気づき、父がリヤカーに母を乗せて産院まで運び、あけ方にぼくが生まれたと聞いている。

そして、ぼくが生まれた一週間後に第二次世界大戦が勃発し、戦事下のあわただしい時代の中でぼくは育った。

しかも一九四五年三月十日には東京大空襲があり、ぼくらの住んでいた家はもちろん、近隣の民家もことごとくが焼失してしまった。

この頃、近くにあった母方の祖母宅へはよく行っており、そこで過ごす時間が多かったようで、祖母宅の記憶はある。祖母は四十代後半だったと思うのだが、ぼくにとっては太っ腹の明るい人で、とても安心できる人であった。

祖父母は長野県でミソやショウユなどの販売をしていたが、上京して東京で小規模のメリヤス屋を経営していた。義務教育を終えたばかりの地方出身の若い青年を数人見習い工として雇い、一人前に育てて、自営させるという方針だった。

長野県から上京し、しばらくは順調であったが、祖父は病気となりわずかの間に亡くなり、夫を失った祖母は女手一つでメリヤス屋をやりくりし、経営も軌道にのせてきた。

メリヤスの仕入れから販売、家事、見習い職人の世話までほとんど全てをやりくりしていた祖母は一家の中心であった。

しかも祖母には八人の子どもがおり、その子育ても大変。

ぼくの母は兄弟姉妹の中では二番目の次女で、結婚はもっとも早かったので、祖母にとっては、ぼくが初孫であった。

そのため特に可愛がられたという側面はあったと思うのだが、働き者で大きな祖母のことを、ぼくはいつか「大っきい母ちゃん」と呼ぶようになっていた。テキパキと仕事をこなし、家事も手抜きすることなくやりきっている大っきい母ちゃんはぼくの頼りになる宿り木のような存在であった。

また祖母のメリヤス屋の周辺は下町で、長屋のような小さなアパート群も多く、子どもたちもたくさんいた。

メリヤスを織る機械の音やその特別の臭い、そして周囲の路地やアパート群のざわめきや笑い声などが一つになって今もぼくの中に懐かしい下町風景として蘇ってくる。

母は、起きるとすぐに祖母宅に行きたがるぼくの手を引いて、祖母宅に置いていくのを日課にしていた。

この下町の雑然とした場と風景が、ぼくの幼少期の原風景なのではないかという気がする。

そして東京大空襲で家も家財も全て失ってしまったぼくらの家族は、父の実家である横浜の農村へと戻ってくる。

しかも、両親はこの空爆で、ぼくの妹を失っていた。父の実家は、旧戸塚に属し、周囲は山と田園の中にあり、農民中心の暮らしの中にあった。

もともとはこの一帯の地主であったが、父方祖父が薬剤師となり上京、父方大伯父の病院の薬剤師となり、そこの看護婦と結婚し、東京と横浜を往復しているうちに、二人共年若くして亡くなってしまう。

そのため父は、伯父に世話になりながら東京で学校に通い技術者となり、世帯をもつことになったのである。

ぼくら一家が東京から身体一つで横浜に戻った時は、戦後の農地改革が行われている時で、父の名義であった土地は不在地主ということで、ほとんど全て、小作人に払い下げられていた。わずかに、父方祖母が住んでいた家と土地だけが残され、その一角に物置小屋の二階屋があり、ぼくらはそこで生活することになった。

一階は土間で、ほとんどが土、農機具などを置く場所で二階は家具などの物置になっていたが、そこを片付けて、ぼくらは戦後の生活を始めることになった。

裏には大きな山があり、池もあるステキな場であったが、祖母の夫がその後全て売って他へ出てしまったので、かつてぼくらの先祖が住んでいた広大な山や土地は全てなくなり、今ぼくらが住んでいる小さな空間と家だけがぼくらに残された土地である。

ただこの大きな山の後ろに、ぼくらの祖先のお墓は残っており、江戸時代からズッと続いた家系で、石碑を見る限り三百年以上前から住んでいたことがわかっている。

この一帯を「田谷」と呼んでいるが、文字通り田園と山と谷、山林に覆われており、狐や狸もよく現れる場であった。

家には電気も水も風呂もなく、父がドラム缶を運んできて五右衛門風呂をつくり、便所も外につくり、山から水を引いて使っていた。

この物置小屋は、ぼくが小学校に入学する頃から傾き始め、倒れる心配もあり、父を中心に材木を運び、隣に家を建てることにした。土台を掘り、材木にノミを入れて組み立て、この家がまだ完成する前に、物置小屋は倒壊し、まだ雨戸も入らない手造りの家に、ぼくらは住むことになった。

この家に父は、ぼくと弟のための小さな部屋もつくってくれた。小学校四年生のぼくにとって、この勉強部屋は何よりの宝物で、安心できる「場」となった。

この時は一九五一年。父はまだ三十八歳の若さであったが、父のつくった家は忘れられない場となっている。

巣離れと自立への旅立ち

今考えても、戦後間もない時期、父が独力で家を建てたというのは凄いことだと思う。休みの日も、夜も家を組み立て床を敷き、数年間は働きづくめであった。骨組みが出来上がり建前をやる時には東京から母方祖母（大っきい母ちゃん）が駆けつけてくれ、家族四人と祖母の五人でやったのだが、父が屋根に登り、ぼくらにリンゴを投げてくれ、それを受けとめて完成を祝い、床に腰をおろして食事をした。家は木造と土でつくられ、自然の中に住んでいるという実感があった。小さいけれど食堂もあり、寝室兼居間もあり、土間も炊事場、トイレもあった。風呂は相変わらずの五右衛門風呂だったが不自由はなかった。

この家で、ぼくらは十三年間を過ごした。ぼくは、小学校、中学校、高校、大学までの全ての学生時代をこの家で過ごした。そして小さくても自分の城「部屋」があったことは本当にうれしかった。

父は本当にまじめな人で、身体も酷使《こくし》したと思う。

ぼくが中学二年生になった時、父はついに結核で倒れ、入院することになった。当時結核は不治の病と言われており、しかも手術をしたくないといっていた父は投薬のみのため長期の入院生活となり、母を支えながらぼくら兄弟が家を守ることになった。

父の給与は休みが長期化するに従い低くなるため、翌日の米がない時もあり、母は内職を始めることになった。職業安定所から内職の仕事を家に持ち帰り、徹夜でやりとげ、翌朝職安に届ける。

この頃、父を病院に見舞いに行くことが一番の楽しみであった。

大っきい母ちゃんもよく一緒に見舞いに行ってくれた。

病院で父を囲み、お弁当を食べ話しているのがとても楽しかった。家族っていいな、と思った。

この時、家族というのは家の中だけでなく、皆が揃っていること、心が通じ合い安心できれば、病院の一室でも公園でも、そこが家になるのだという気がしていた。

こうして父は退院したのだが、今度は母が疲れ切り倒れてしまい、一年余りの入院をすることになった。この時は、父と弟とぼくの三人家族。男ばかりで、どうしても料理が単純になってしまう。父は会社の帰りにコロッケ、天ぷら、刺身などを買ってきてくれるのだが、いつも同じものになってしまい、家庭料理と台所は大事だなァと感じていた。

家計は、ぼくと弟が学生のためかなりきつく、ぼくは大学生活の四年間、近くの小学校の夜間警備員の仕事をしていた。夕方から小学校へ行き、学校の戸締りをして、夜は校舎の巡回をし、朝は校舎の鍵を開け、先生方を迎え入れると、そのまま大学へ行った。

この大学の四年間、ぼくははじめて家を離れ、家とは違う場所で生活をするという経験をした。今までは家族と共に生活していることが当然であり、あたり前であったが、学校の宿直室で一人で暮らす生活は、本当に自由だと感じた。

もちろん、宿直の先生も一緒に泊まるのだが、それぞれ別の部屋で寝るので気にする必要はない。今までに味わったことのない解放感があり、夜廻りの間、小学校の図書館で本を読んだり、宿直室で好きな小説を読んだり、日記を書くこともできた。

しかも、この警備員の仕事は給与も出る。つまり経済的にも自立できるという結果もあった。自分で自由に働き、好きなことにお金が使え、時間も自分の自由に使うことができる。

大学時代に読んだ小田実さんの『何でも見てやろう』の世界貧乏旅行記は、憧れのスタイルと映った。したがって、ぼくの当時の夢は、旅であった。

自分の知らない世界へ行ってみたい。閉ざされていた世界からもっともっと広い世界へ出てみたい。ぼくの知らないことがたくさんあるに違いない。

小学校の警備員の仕事は、もう一人の他の大学の学生と二人でやっていたので、夏休みは少し休みをもらい、ぼくは日本全国の大学の寮めぐりもやった。

北海道から九州まで、各大学の学生寮に泊めてもらい何回かに分けて日本一周もした。

そこで出会う学生との話し合い、大学のあり方、その地方の生き方、どれもが新鮮で、いつか世界旅行をしたいと夢想するようにもなっていた。

大学を卒業する時、父は母のために家を新築した。

父五十一歳、母四十七歳の時である。

母が身体を壊したのは、家の中の台所の設備があまりよくなかったのではないかと考えた父が、専門家に依頼して広い台所、使い易い台所を中心とした新築の家をつくり、母にプレゼントしたのである。

一九六四年のことである。この年はぼくが大学を卒業する年で、結局ぼくは小学校の教員となった。はじめは家から職場の学校に通っていたのだが、自由な一人暮らしが忘れられず、学校の近くのアパートを借りて生活を始めたのであった。

学校では子どもたちと精一杯触れ合い、仕事をし、終了すれば自分の自由な時間なのでサークルへ出かけたり、映画を見たり、一人で読書したりと本当に充実した生活が始まった。

この頃のぼくの生活の場、アパートの一室は四畳半一間だったが、まるで自分自身の肉体そのものだった。アパート空間は自分の世界であり、そこに戻れば自分のありのままが許されるのだった。集中して考え、書き、そして社会活動にも飛び込んでいけた。ぼくの空間はどんどんと拡大した。

そんな生活の中で、気持の通じ合う女性とめぐり合う。

一緒にいると世界がさらに拡大し、自由になれた。

彼女は一緒に暮らしたいという。そのためには四畳半は狭すぎるので、一緒に二間のアパートを探し、東海道線沿いの二階屋を見つけ、二人して引っ越しをした。いわば同棲生活が始まったことになる。

二人での生活が始まると、それは新しい家庭のスタイルとなってきていることに気付かされた。

彼女は雑誌社の編集員。ぼくは小学校の教員。

仕事から帰ってくれば、お互いの職場でのことを話し合い、明日の予定をそれぞれが立て合う。

一緒に講演を聞きに行ったり、デモに参加したりする。

こうして充実した生活が続いてきたのだが、これから先それぞれの夢をどう実現していこうかということになると、二人の方向性が少し違っていることに気付かされた。

彼女の夢は、女性史の研究者になること。

ぼくの夢は、共同体の一員として地域の中で生きること。

そして、もし二人が家庭を築くとなると、別々の生き方ではなく、二人が同じ生き方、同じ世界をもつべきだということになった。

つまり、どちらかの夢を実現するために、もう一方はその人と同じ道を歩むこと、言葉を変えれば協力者となることが必要ではないかということになった。

何度も話し合ったが、それぞれの夢を消すことはできなかった。

だとすれば、もう一度個人個人に戻り、自分の夢に向かって生き、そして再び出会えたらその時一緒に生きていかれるかどうかを考えよう、ということになった。

こうして、ぼくらは別れ、ぼくは教師をやめ日本一周の旅に出る。この頃、二十六歳であった。

生きる場と「いのち」の連鎖

ぼくの日本一周の旅は約四年間続いた。

北海道のヤマギシズムの試験場から始まった日本の共同体をめぐる旅は、沖縄まで続いた。さまざまの歴史と形態をもつ日本の共同体はそれぞれにユニークな活動をしていたが、地域社会との関係などで苦労しているところもあり、課題も抱えていた。ぼくの感想は、どんなに理想的な生活共同体でも完璧なものはなく、日々変化しており、その共同体で暮らす人々の対話の中で、再創造され、再生しているのだということであった。

だとすれば、どこで暮らしてもその中で、共に語り合い日々変化し、再生していく関係性を持つことこそが大事なのではないかと気付かされたのであった。

こうしてぼくは一九七二年、三十歳の時に再び横浜に戻り、日雇労働者の街、「寿町」にある「寿生活館」という横浜市の生活相談所のソーシャルワーカーとして仕事をすることになったのであった。

それからの約四十年間、ぼくはほぼ十年を一つの単位として仕事を変わることになり、ぼくの暮しの「場」を探すことになった。

寿町という日雇労働者の街は、人間の生活の場の原点だという気がする。本来、それぞれに暮らす場のあった人々がそこから出ることになり、個人として転々とした後、最後にたどり着いたのが寿町。

自分の肉体一つを頼りに、日々仕事をし、その給与をもとに暮らす生活スタイルの「場」である。自由な暮らしができるところから「自由労働者の街」という言い方もできるが、この街の基本構造は「産業予備軍」である。仕事がある場合は、自由に仕事を選ぶことができるが、いったん不況になり、仕事がなくなれば失業者となり、何の保障のないまま見棄てられるのである。

仕事ができなくなった時、または仕事がなくなった時、放置され、自分で何とかせよ、これがこの日雇労働者の宿命であった。

ぼくがこの街で相談をしている時に、構造不況となり、日雇労働者の街は切り捨てられ、仕事は全くなくなってしまった。

その時、生きるため寿町の人々は互いに支え合い助け合って生きていく道を模索した。

寿住民懇談会が生まれ、日雇労働者組合が生まれ、寿夜間学校、寿識字学校などが生まれ、自分たちの暮らす街を、自分たちでつくっていこうという活動が生まれてきた。

ぼくはこの街で十年間暮らし、地域共同体の形成のためには、全員が働ける社会をつくることと、その共同体が継続するためには、子どもたちが生き生きと生まれ、暮らせる環境が必要だと気付かされた。

そこで十年後、ぼくは児童相談所に移動し、子どものケースワーカーとして、家庭、学校、地域を歩き廻った。

そして、その頃から子どもたちの居場所が、家庭にも学校にも、そして地域にもなくなり、ゲームセンターやコンビニ、公園や空家などに子どもや若者が集まっていく構造が生まれていくのを知るようになった。

この頃のぼくは、地域に子どもたちの「たまり場」をつくることに熱中している。子ども会や児童館は存在しているのだが、そこに中々集まれない現実もあった。どうしても地域全体で、自由に集まって過ごせる「居場所」が必要になっていることは明白だった。

そんな中、ぼくは一九九一年に、横浜市立大学の教員となった。大学のある地域の方々と、生きることに困難を抱える人々の「居場所」づくり、支援者づくりのためにいろいろとやってみたのが、この時期である。

精神障がい者の地域作業所、不登校の子どもたちのフリースペースなどが、こうして生まれていった。

こうして一定の成果は上がっているように見えたけれど、何か人間が中心となって、人間のやりたいことだけをやっているような不安がずっとあった。

他の動物や植物、山や川や海や土などとも一緒に暮らしていく地域づくりはできないものだろうか。そして決断したのが、二〇〇二年（六十歳）の時の沖縄への移住であった。

南国の豊かな自然の中で、人間もまた一つの自然の生きものとして、ユッタリと生きているという実感は沖縄の暮らしでハッキリとつかむことはできた。

しかし、この十年余りの間に、沖縄が急激に日本化し、近代化してきていることが気になってならなかった。沖縄も都市化し、居場所がなくなってしまった人々も増加している。

今までありえなかったような虐待事件や、子ども、若者たちの殺人事件も起こっている。

そんな中で、ぼくはどこかにモデルを求めているところからは、もう卒業しなければという気がしていた。今の時代は、日本中もしかすると世界中が同じような構造になってしまい、身の丈の文化から、巨大な文化へと変化し、自分ではコントロールできない科学や国家によって縛りあげられてしまったようにすら見えてきた。

そんな中で、ぼくはぼく自身の「家の原風景」をふり返りつつ、自らが育ってきた暮らしの場の中で生きてみたいと思うようになっている。

ぼくの住んでいた横浜の田谷は今、巨大な高速道路のジャンクションの計画があり、田んぼは埋め立てられ、高速道路の工事が始まろうとしている。

狐も狸もいた地域は、山も削られ、コンクリートによって塗り固められようとしている。

わずか五十年の間に、横浜郊外の田園風景は破壊され、自然が壊されようとしている。

沖縄もまた、美しい大浦湾が埋め立てられ辺野古新基地が建設されようとしているが、地元の人々、高齢のオジイ、オバアが身体を張り、しかし笑いながら抵抗活動をしている。

ぼくも、ぼくの育った地域で、そこに住む自然存在として、一人の生きものとして、生き抜きたいと考えるようになっていた。先日、わが家の三百年余り続いてきたお墓を少し改修した。

そして、その中心にある供養塔に文字を刻んでもらった。それは沖縄で学んだ自然観を背景にして浮かんできたものだ。「風土水明命」それが刻まれた文字。

結局は、いのちが生まれ受け継がれ、人間だけでなく全ての生きものは生きている。

そのいのちを育むものは何かと考えると、「水と土」そして、そこに日の光、月の光が注ぐこと。さらに風が吹き、花粉を飛ばし、熱や水分を運ぶ。さらには激しい台風となって大地を洗う。こういう存在と一つになって、いのちは育ち生きていけるのだと考えた。そうした自然と一つになって生きられる地域にぼく自身も生きたいと願っている。

ぼくもまもなく七十代の半ばになる。

地元に戻ったら、町内会（自治会）の一人として、老人クラブの一員として、一人ひとりの方の思いを聴き、語り合いたいと思っている。

そしてぼくの通った小学校へも行き、子どもたち、小学校の先生方と、田んぼのある街を復活させたい。

水田と共に生き、地元の米を食べる暮らしをとり戻したいと思っている。

沖縄のことは沖縄が決めるという言葉は、田谷のことは田谷で決めるということにつながる。

大きな国家ではなく、小さな暮らしの中から確かないのちの言葉を聴き取り、子から孫へとつながる「いのちの連鎖」の一つとして、これから生き抜きたいと思っている。

六、ヨガと共同売店の思想

依存から自律する生き方へ

ぼくら夫婦は十三年余り暮らした沖縄での生活に終止符をうち、六月二十五日に、いよいよ横浜に戻ることになった。思い返せば、ぼくらが沖縄に行ったのは二〇〇二年四月のことである。

南の島の暖かな気候と、開放的な人々とのつながりの中で、それまでの暮らしにはなかった解放感の中で暮らしてきたという気がする。

しかし、ぼくにとっては思いもかけなかった管理職という立場につき、また沖縄での社会活動の厳しさも重なり、心身に過労が重なり、解決への見通しが見えない問題も抱えて、ストレスも追い打ちをかけたのかもしれない。

そんな中で、ぼくは自分のからだに負担をかけてしまったことを自覚したのであった。

からだのバランスを崩し、生活が不安定になるとバランスを取り戻すために、からだはさまざまな信号を出してくる。それがからだの異常を示す病気になる。

それは単に仕事が忙しいということだけではなく、生活の仕方一つ一つに不自然さが出てきたのではないかと思えてきた。例えば過労のため、睡眠時間は極端に少なくなっていたという事実がある。特にどうしても期日までに仕上げなければならない仕事や書類があったりすると、他にやらなければならないことがあっても後廻しになってしまう。

ぼくがやりたいことがある場合は、いつもあきらめるということも多かった。したがって、ぼく自身はやりたくないことであってもやらなければならないという状況におかれてしまうと、不本意なこともやらねばならないというストレスは大きかった。こうした生活をくり返していくと、制度や組織の決定が優先され、自分の内側から湧き上がってくる思いは抑圧されてしまうことになる。

行政や企業、また一つの組織に組み込まれて仕事をする場合は、その所属する組織の意志を尊重せざるをえず、依存体質が身についてしまう。考えてみればこうした生き方は、ぼくの数年間だけのものではなく、現代社会の基本的な矛盾なのではないかと気付かされた。

もっと言えば、小学校に入学してから現在までの生活全てを貫く一つの流れだったような気がする。生きていくことは、自分の内なる思いに従うというよりは、外側にある社会の一定の制約を受け入れつつ生きるということであった。

人間は本来、自由にやりたいことをやりたいと思っており、からだも束縛されるより、自由に動きたいと思っているはずだが、そうした動きを許さない社会構造ができ上がっているような気がする。社会に合わせ、社会に依存しつつ生きる習慣がぼくらの中に染み込んでしまったのだと思う。

そうした長年の積み重ねが、からだにも歪みを生じ、蓄積し、ぼくの自発性や自主性をも奪ってしまったような気がする。つまり、人は雇われて働く以外にないと思い込まされてきたのである。

他からの指示で動くこと、それが日常化した生活の中で、やがて一定のスタイルが生まれてくる。もしかすると、こうした人間の形成は、現在の多くの人に共通のものかもしれない。

組織の決定や判断が出るまでは、自分の思いや意志を表現してはいけない、あるいは出せなくなってしまっている状態。その上、非正規労働が増え、長時間の不安定な過重労働が一般化してくると、からだも心も、そのバランスを失い、不安定、不健康になってしまう。身心の病気、または異常を訴える人は近年ますます増加している。しかも、病気になれば誰もが病院に行き、注射や投薬、そして手術等を受けることになる。

ここでも再び、薬や医師に依存し、従属することになってしまう。薬物依存も現代の大きな問題である。本来、からだがもっていた「自然治癒力」が衰え、あるいは失われ、自分の力でからだを回復することさえできなくなってしまったのである。しかもそのことに気付いて、何とかしたいと思っても日常生活は余りに忙しく、からだの自律性を取り戻す余裕もないのが現実。

ぼく自身は、たまたま仕事をやめることもでき、体力回復と自然治癒力を回復するため、水中運動やヨガ、筋力トレーニング等に挑戦することができた。

からだは言葉を発するわけでもなく、快・不快を示してくれる。その反応を受けとめながら、からだの求める動きに従っていく。

背伸びをし、手足を思いきり伸ばし、からだをユックリ、ジックリとねじっていくと、からだはほぐれ、そして内側から力が湧いてくるのを感じる。これが「気」が満ちることだと知っていく。

この「気」の力について解明したのは、古くは中国の伏羲《ふっき》だと言われている。この世には必ず相反する二つのものが存在していると伏羲は考えた。

例えば「天と地」、「生と死」、「男と女」、これらはマイナスとプラスのように相反するのだが、一方だけではバランスがとれない。両方が必要なのである。

この相反する二つの極を「陰」と「陽」と名付け、この世の基本を「陰陽論」としてまとめたのが伏羲だと言われている。ヨガは、この「陰陽論」を基礎として、人間のからだのバランスを回復していくのである。

またこの世の中にあるものは、全て変化し続けている。これも事実。この宇宙を貫く、変化を受けとめ、その変化に適応して生きていくことが自然であり、もっとも安定した生き方になると言われている。

また「陰」と「陽」が出会うと、そこから一つの「流れ（力）」が生じてくる。これが「気」と呼ばれるもので一種のエネルギー。「陰」は、内から外へと広がっていく力で、これは遠心性をもっている。一方「陽」は、外から内へと入ってくる力で、ここには求心性がある。

したがって陰と陽が出会えば、必ず渦巻きが起こり、エネルギーが発動する。

例えば、地球と太陽も、この陰と陽のバランスで結ばれており、宇宙全体をも貫く法則となる。

この陰と陽のバランスが崩れ、歪みが生じると不調和が生じ、人間であれば病気になるという構造になってくる。

ヨガの基本は、この陰と陽のバランスを取り戻すところにあると言われている。

ヨガは、五千年以前のインドで発生した、生活の知恵が集大成されたものだと言われている。人はどうしたら生き生きと充実して生きられるかというところから、人間のからだも一つの宇宙と見たててつくりあげられた体系である。その結果、陰陽のバランスを保ちつつ、まず自分自身の足で立つ（自律すること）、そして何物にもわずらわされることなく（他の束縛を受けず）、自由に生きる力を身につけることが、その本質だというのである。職場も離れ、今までよりは自由に生きられそうになった今、どう生きたらよいかをぼくは具体的に考えたいと思っている。

消えていく地域のつながり

田谷に住み始めてほぼ半月が経過した。まだ家の片付けが続いており、地域の中を歩き廻る余裕もないのだが、日用品や家具、食料などを買うために外出することはある。

ところが、かつては田谷の中にあった雑貨店が全くなくなっていることに気付かされた。

小さな町ではあるがバスも通っており、バス停の近くには二軒の雑貨店が、かつてはあった。どちらも個人商店であったが、日用品は大抵揃っており、ぼくも子どもの頃は、よく買いものに出かけ、店のおじさん、おばさんとも顔見知りであった。

一軒は通称「日影の店」、もう一つは「伊藤商店」であった。

バスに乗って行けば、大船駅、戸塚駅という町があり、そこには大きな店もあったが、この小さな個人商店で用事はほとんど足りていた。

ところが、この十数年の間に、二軒とも閉店してしまっていた。今では、田谷の町に商店は一軒もなくなってしまったということになる。

また数軒あった食堂もなくなっていた。

ラーメン店や丼物中心のこぢんまりした食堂が少なくとも三軒はあったはずだが全て消えていた。

さらに今回あらためて気付いたのだが、郵便局もポストもこの町にはなかった。以前、田谷に郵便局を作ろうという話があったものの土地を提供する家がなく、結局はつくられなかったという記憶はあったが、ポストがないのはショックだった。

したがって、郵便を出すため、ぼくは大船駅までバスに乗って行き、ポストに投函している。

もう一つ気になったのは、田谷にある小学校の門近くにあった文房具店もなくなっていたことである。かつては、いつも登校していく子どもたちがこの文房具店でにぎやかにたむろしていた。こうした変化は、間違いなく田谷という地域が、過疎化していると感じさせるに充分だった。

人が集まり交流する場が、確実に減少している、なくなっているという実感がある。

先日ぼくは妻と、地元の中学校のある「原宿」という町まで出かけた。東海道の松並木のある町名の知られた宿場である。

道路は広くなり、立体交差もでき、立派になっていたが、かつての風景は全く変わっていた。

今まで田や畑が広がっていた農村地帯に大型のスーパーが幾つも立ち並び、巨大な駐車場もあった。

そして、多くの客でスーパーの中もごった返していた。

そして驚いたのは、中学校の校門を出ると、ずっと並んでいた、たくさんの商店街の多くがシャッターを降ろし、閉店しているという現実であった。

中学時代、ぼくは卓球部に属しており、練習が終わると、仲間と走ってこの商店街に行き、パン屋でパンを買い、近くの肉屋でコロッケを買ってはさんで食べたものであった。

どちらの店も、ぼくらの級友の親がやっていて、いつも何かをおまけにつけてくれたり、ソースやマヨネーズをかけてくれたりして、店内の椅子に腰かけて、おしゃべりしながら時間を過ごすのを常としていた。

また、ラーメン屋や牛乳屋さんも消えていた。

こうした懐かしい商店街の臭いは、原宿の町から消えていた。わずかに残った八百屋やスーパーにはその名残りはあったが、全体としてはあの肌触りはない。

大型スーパーに入ってみると、全てが揃っており実に近代的でスマートだった。

会員になると一％の割引き、また六十五歳以上で会員になると五％の割引きというカードも配布されている。おそらく、地元の主婦や学生が時間給のバイトでたくさん働いており、活気もあった。ぼくらは店内のさまざまな商品に目もくらむ思いなのだが、どことなくシステム化した工場の中に入っている気がしてならなかった。

商品は、日本中、世界中から集められ、客は選べるのだが、ぼくらにできるのは選ぶことだけ。ぼくらはあくまで客となっており、むしろ客でしかない。人と人とが出会う場ではなく、地域が空洞化してしまったなァという気がしてならなかった。

前にも書いたが田谷という土地は、横浜では最大の田園地帯であった。

そこに今、環状高速道路ができ、田んぼは巨大なジャンクションになりつぶされる計画が進められている。

高速道路を使って、どこへでも自由に行けますよという宣伝なのだが、この高速道路のため、田谷の町は大きく分断され、地域内の行き来も不自由になる。

地域でのつき合いは難しくなり、外へ外へと押し出されるばかり。求心力が失われ、遠心力ばかりが強制されている。田谷の農地があれば、農家から自由に買うことができるし、たわいのない世間話もでき、必要なものも情報も入ってくる。そんな楽しみも安心感もあった。しかし、田んぼがなくなれば、遠い大型スーパーまで買いに行かねばならず、しかも買っているものは県外や海外のものばかり。

これは明らかに陰陽のバランスを崩し、歪めた生活のスタイルである。人間のからだと血液は、みな食べものによって作られている。

人はどんなものを、どのように食べているかによって健康か不健康かがわかるのだが、ヨガの考え方の中に、生まれ育った土地のものを食べることが一番自然であるという発想がある。「身土不二」という考え方である。このバランスを崩し、全く異った風土でつくられた農作物を食べるということは、からだには合わない。

久しぶりに戻った故郷、田谷でぼくは急激に地域が壊されているなァという実感があった。

先日、田谷の町内会の一員になるため入会した。

ぼくらが沖縄に出かける少し前に発行された『田谷町内会名薄』（二〇〇七年度版）があり、久しぶりに丁寧に読んでみた。

まず、当時の町内会における世帯数。

名薄を一つ一つ見ながら数えていくと、四八二世帯。前後で入れ替えはあると思うけれど、だいたいは五〇〇世帯位であろうか。

この名薄には家族の名前も書いてあるので、田谷町の総人口を数えてみると、一九二八名、約二〇〇〇名ということになる。

町内会の規約を見ると、次のような事業が並ぶ。

〈田谷町内会規約、事業〉
(一) 行政機関よりの広報伝達と、陳情、要望、意見苦情等の処理に関すること
(二) 町内の親睦、文化の向上、体育の増進に関すること
(三) 町内の環境、交通等整備に関すること
(四) 保健衛生、福祉厚生活動に関すること
(五) 各種社会活動に要する募金に関すること
(六) 青少年の育成に関すること
(七) 防犯、防災、防火に関すること
(八) その他、本会において必要と認めたこと
町内会の規約を読みながら、もし高速道路ができると、田谷は大きく二分あるいは三分割されてしまい、この地域の交流にも影響が出るだろうなァと思った。

かつて、ぼくが田谷にいた時、田谷では「高速道路建設反対連絡協議会」ができ、田谷町内会も反対の運動に参加していた。

町内会というのは、地域の人が参加しているので、この町が今後どうなるのか皆で考え合っていかないと、国まかせ行政まかせの生活になってしまう。田谷にとって何が問題で何が大切なことなのか。ぼくも町内会の一員として参加していきたいと思っている。

沖縄の共同売店に学ぶ

現代の日本社会は、効率の悪いものは切り捨て、能率よく成果をあげようとしている。

また、安い海外の農作物を自由化し輸入していこうとも考えている。

そんな中、過疎地や超高齢化が進む農山村地域は、見捨てられ、人口も減少して限界集落になると言われている。

何かしようと思っても、若い人はおらず、仕事もなく、収入もない中で何もできずにいるところが多い。

そして結局、外部のサービスに頼る他なく、補助金目当ての受け身の暮らしになってしまう。

自分たちの暮らしは自分たちでつくっていこうという「自治」の精神が今は希薄になってしまっているような気がする。

ヨガで言う「気」の充実は、自分でやる気を起こしていくことである。

同じことは、暮らしている地域にとって一番必要なものは何か、どうしたらつくり出せるかと考え行動することに通じていく。

ぼくは今、沖縄の「共同売店」の試みがとても大事なものに思えてならない。

沖縄大学地域研究所は『共同売店―ふるさとを守るための沖縄の知恵』（沖縄大学地域研究所ブックレット7〈叢書15巻〉、二〇〇九年）を刊行した。

沖縄における「共同売店」の歴史は、百年以上前の一九〇六年にある。当時、沖縄県最北部の国頭《くにがみ》村奥集落に、雑貨商を営む糸満盛邦さんがいて、自分の店を奥集落全体の人々に役立てる方法はないかと考え、店の全てを奥集落に譲渡し、共同店として開設したいと提案したのである。

奥の人々はこの提案に賛成し、村人によるお金を集め、銀行からも借入れして「奥共同売店」が設立された。当初、職員は三名でスタートしたのだが、村民全体の協力もあって、三年目には借入金は全て返済することができた。

さらに数年後には、土地や建物も取得し、山原船《ヤンバルセン》（当時の主要航海帆船）を三艘と、資本金三千円をもつほどに発展、安定した運営が行われていた。しかも、利益は奥集落全体のために使われていたことも特筆すべきことである。

村人に病人が出れば貸付金を出し、土地購入や畜産の購入にも貸付を行い、天災地変に関しても貸付を行っていた。

中でも「学事奨励規程」は興味深い内容である。

「学事奨励規程

第一条　当学中等学校以上の学生へ学費として左のとおり補助するものとす。
一、中等学校生に毎月金五円
二、遊学生は毎月金十円
三、中等学校へ入学の時は書物代として金二十円
四、修学旅行の時、旅費として金十五円也
五、遊学生へ準備金として金四十円也」

こうして奥の共同売店は順調であったが、沖縄戦で一度解体せざるをえなかった。

一九四七年四月、共同売店は「奥生産組合」という名で復活し、製材業を設置、また製茶工場を復旧、その後、輸送船「おく丸」の建造をし、さらに発電所まで設置している。

一九五〇年には酒造場まで建設し、奥の泡盛生産も始めている。これらの施設を統合して、一九五三年に、「奥共同売店」として再出発するのである。

奥共同売店の存在は、楚洲や東村、安田、辺土名など北部の各地にも広がり、またたくまに沖縄中南部、さらには離島にまで拡大していった。

戦後も共同売店の動きは拡大し、一九八〇年頃には全島で一一六の共同売店が確認されている。しかし、一九七二年の本土復帰以来、奥集落も急速に過疎化、超高齢化が進み、人口も戦前の六分の一以下に減少し、現在は人口も二〇〇人ほど。

当然、共同売店の利益も減少しているが、それでも奥集落の共同売店は健在である。

先日、辺野古へ行った折、奥の共同売店を訪ねたが近隣の人々、子どもたち、それに観光客も来て

いて賑わっていた。

ではなぜ、このように厳しい時代の中でも共同売店は今なお活動を続けているのであろうか。沖縄大学地域研究所はこう分析をしている。

「貧しさの平等と自治という伝統の中で、共同売店は、資本主義社会への集落の対立策として設立、存続されてきた。

現代において多くの村落……には共同作業（ユイマール）しなければならない生産活動は、もはや存在しない。

共同売店は〈みんなで出資して作った店〉という点で人々を結びつけ、地域のアイデンティティを強くするのではないか。〈みんなの店はみんなで守らなくてはならない〉という意識が人々のつながりを強固に、また〈自分たちの生活は基本的に自分たちで守らなければならない〉という主体性をも取り戻すことができるのではないか」（『共同売店』前掲書、九九ページ）

共同売店に行けば、誰かとおしゃべり（ユンタク）ができる。そこでは村の人、観光客などさまざまな人と出会い情報交流ができる。つまり共同売店は、ムラの内部の人と人を結びつけ、ムラと外部の人を結びつけ、ムラの過去と現在、未来をも結びつけるのである。

それは、お互いに助け合ってこそ豊かな生活ができるという価値観と、自分たちの生活は自分たちで守るという生活の主体性である。

車の運転ができなくなった高齢者が歩いて気軽に行ける場所。そこでは買い物も交流もできる。ムラの社交場にもなる。

共同売店の中には、高齢者への配食サービスを行っている所もある。子どもたちが集まって勉強をしている所もある。

いま地域にとって必要なことが、一つ一つ実現していく拠点にもなっている。

宮城県丸森町大張では、二〇〇一年二つあった店が閉店し、「地域に店をつくろう」という声があがり、沖縄の共同売店をモデルにした「なんでもや」ができたという。

三〇〇世帯のうち、二〇〇世帯が出資して、地域みんなの店ができたのである。「なんでもや」では、店まで歩いてくる人が約二〇％、配達を希望する人が二〇％だという。「なんでもや」では全ての配達に応じているという。地域の人に必要なことは、皆で話し合い協力して実現していこうという自治意識が生きている。ぼくの住む田谷の町も、高齢化と少子化が進み、人の交流も減っている。

国や行政、他の大型店に頼るのではなく、地域の皆の力で、共に生き続けられる町をぼくもつくりたい。ヨガの思想と共同売店はそのための大きな導きの糸である。

七、ひとりでもやる、ひとりでもやめる

小田実文学と戦後70年

二〇一五年八月十三日、戦後七十年目のお盆の日、横浜に戻ったぼくの家に子どもたちや孫たちが集まり、夕食会と先祖の迎え火をやった。

日本各地で、亡くなった祖先霊を迎え、共に食事をし語り合う風習は今も続いていると思うのだが、核家族が一般的になると、今の生活に精一杯になってしまい、過去の人々との交流をするユトリもなくなっているのかもしれない。

久しぶりにやってきた次男の祐輔（三十九歳）と妻の美智子は、「田谷の家はこんなに緑に囲まれていたんだと気付かされたよ。セミの声も凄いし、虫も一杯いてビックリしたよ」と驚きの声をあげた。

沖縄から戻って、まもなく二カ月になるが、まだ充分片付いてはいないけれど、ユックリ家族が座れるスペースは出来ていた。そこに腰を下ろして外を見ると、庭も周囲も確かに青々とした樹木に覆われている。

都会では窓を開けると、コンクリートのビルが並んでおり、緑や樹木、自然に囲まれているという実感は少ない。

その夜、蚊に悩まされながら庭に先祖の人々が乗ってくるキュウリとナスに脚をつけた牛と馬を並べ、杖を立て、火を焚いてお線香を並べた。

幼ない孫たちはよくわからないながらお線香を立て、手を合わせている。そして、燃える炎から拡がる煙を手で包み自分の頭や胸や手足に運びながら、「元気でいられますように……」と呪文をとなえている。

かつてぼくも子どもの頃、父や母のやっている、この迎え火、送り火の行事の中で、見えることも感じることもできない遠い祖先の人々のことをボンヤリと感じていたように思う。

今年（二〇一五年）は、あの第二次世界大戦のあった一九四五年から七十年目に当たる。新聞や雑誌、テレビやラジオでは連日、戦争の記憶を取り上げ、見ていると今まで忘れていた生々しい惨状が次々と浮かび上がってくる。広島、長崎の原爆投下の現実にも語られなかった厳しい事実があったことが見えてきたし、沖縄の少年兵の惨劇も今年は明らかにされ、今までも語れず苦しんできた人々の証言が明らかにされた。そして、日本でも三一〇万人と言われる死者の多くの遺骨が地中や海中でそのまま眠っているという事実も明らかにされた。

そんな中、集団的自衛権の行使容認を柱とする安保関連法案が、七月十五日に衆議院の特別委員会で自民、公明両党の賛成多数で可決されてしまった。

法案は、自衛隊法、武力攻撃事態法など現行法の改正案一〇本を一括した「平和安全法制整備法案」

と、他国軍の後方支援を随事可能とする「国際平和支援法案」という名の新法一本。安倍首相自ら「国民の理解が進んでいる状況ではない」と認めているにもかかわらず、米国でオバマ大統領と「安保法案を夏までに成立させる」と約束までして、その実現に向けて一気に突っ走っているという状況にある。

今回の安保法案は憲法違反であると多くの憲法学者が表明しているにもかかわらず、国会では衆議院での強行採決が行われてしまった。

こうした厳しい状況の中、「戦後70年、小田実没後8年シンポジウム」が、七月十八日にアルカディア市ケ谷（私学会館）で行われた。「小田実文学と市民運動を考える会」が中心になって毎年行われてきた、このシンポジウムでは「ひとりでもやる、ひとりでもやめる——いまこそ良心的軍事拒否国家を！」というテーマで開催された。

小田実さんが亡くなって八年目の今回は、次のような内容で行われた。

「私たちは今、平和憲法、民主主義を奪われようとしている。

戦後70年目の今年、わが国の政治状況は小田実の想像を遥かに超え、危うすぎる事態になってしまった。

戦後のどの時代においても、時どきの政権は難問である憲法、日米安保、自衛隊のテーマにさまざまな解釈を施し、局面を逃れてきた。

平和憲法の重しが極端な逸脱を許さなかったからだ。

ところが、安倍政権は70年間戦争をさせないできた憲法を改正することで、一気に難題を解決しようと目論んでいるようだ。その一例が〈個別的自衛権では対処出来ない〉として意図している〈集団的自衛権を必要とする安保関連法案〉の成立である。……（中略）……

一党独裁に近い傲《おご》りから、自民党若手議員の勉強会〈文化芸術懇話会〉でとび出した〈安保法案に反対するマスコミを懲らしめる〉などの低劣な報道威圧発言を私たちは決して許してはならない。

民主主義を根底から否定するこうした暴言は、政権内に蔓延している言論統制の空気をそのまま、反映するものだろう。

私たち市民の一人ひとりが、民主主義のこうした侮辱に対して、どのように抵抗するかが、今夏最大の課題になっている。」

この日のシンポジウムは、まず、全員で会場前の通りに出て、金子兜太《とうた》（俳人）さんの書かれた「アベ政治を許さない」という大きな紙を全員が持って並び、通る人々に訴えた。

そして宮田毬栄《まりえ》さんの司会で、第一部は、ぼくの「小田実文学と戦後70年」、池田恵理子さんの「私たちが向き合うべき〈慰安婦問題〉—戦争加害と植民地支配責任」の二つの講演。

第二部は「小田実　世界わが心の旅　ベルリン　生と死の堆積」（ビデオ上映）と、市民の発言（高橋武智、石尾喜代子、金成河、玄順恵）という内容。

この日ぼくは、小田実さんの生き方と、ぼくの生きてきた軌跡を重ね合わせながら話をした。

小田実さんは一九三二年生まれ。大阪大空襲の時は、十三歳前後の中学生。少年の目に映った戦争の現実と、そこで展開された人の生と死は、小田さんのその後の人生の原点だったと思う。

ぼくは、東京大空襲の中で、まだ三歳だった。

しかし風景としての戦争はシッカリと残っている。

つまり年齢は違うけれど、七十年前の戦争を子どもの頃、少年の時に体験しているということでは共通している。

そして、戦後に生まれた「日本国憲法」との出会い。

「日本の徹底した敗戦、〈平和憲法〉をもった国としての再生によって、私たち日本人は初めて〈刀を差した政治〉から解放された。

この解放はただの政治の問題だけでなく、日本人の精神のあり方にまで及ぶ振り幅をもった大きな問題だった。……（中略）……〈平和憲法〉の実践、実現は、日本にとってだけでなく世界全体にとって大事だ。私たち日本人が本気で〈平和憲法〉の実践、実現にとりかかれば〈平和憲法〉は世界のあるべき未来の規範になる。」（『随論、日本人の精神』小田実著、筑摩書房）

この小田さんの「憲法」への思いもぼくとは共通している。武器をもって闘いつつ平和をつくるのではなく、共存し対話し粘り強くつくり出していく平和な社会。そして、その現実が今崩れようとしている認識も共通していた。

そして、「戦争に正義はない」と主張する小田さんが「殺し殺される戦争の連鎖を断ち切る原理と方法」を求め、たどりついたのが「ひとりでもやる、ひとりでもやめる」という自律の思想と、平和憲法をもつ国として「いまこそ良心的軍事拒否国家」を生きる道であった。

ぼくはこの日、駆けつけてくれた多くの方々との対話の中で、日々の暮らしの中で「憲法」と共に生きるために何をすべきかを考えていた。

「市民の政府」樹立への試み

小田実さんのシンポから一週間の七月二十三日、横浜まちづくり塾（田村塾）の七月例会が横浜開港記念会館で行われた。

この塾は、二〇〇〇年、横浜市教育委員会生涯学習課が開いた「よこはま市民カレッジ」の講座である「田村明、横浜のまちづくり大検討」にその起源をもつ。

この講座終了後の二〇〇一年から二〇〇六年まで、今度は、飛鳥田一雄市長時代に発足した「横浜市政調査会」が主催する「実践まちづくり塾」が、飛鳥田市長のブレーンであった田村明氏を塾長にして五〇回余り続き、さらに「横浜まちづくり塾」として行われてきたのだが、田村明氏が亡くなった二〇一〇年に中断。その後、志を引き継ぐ市民によって継続されてきた研究会であった。

今年（二〇一五年）は、飛鳥田一雄さんの生誕百年と、没後二十五年ということもあり、「飛鳥田一雄生誕一〇〇年記念講座」を計画し、その中の一つとして、ぼくにも話してほしいという企画であった。

その集会のためのチラシには次のような文章がある。

「建設省宅地部長は言った。〈横浜市はいつから独立国になったのかね〉私は言った。〈国は一向にその対策をしないではないか〉〈そんなに言うことを聞かないなら、補助金をやらないぞ〉〈やってみればいい。世論の判定をうければよい〉……『都市プランナー田村明の闘い—横浜〈市民の政府〉をめざして』（田村明著、学芸出版社）には横浜のまちづくりの原点とも言うべき宅地開発要綱制定をめぐる著者と国とのやりとりが紹介されており刺激的だ。

市民の政府への模索を示すエピソードの一つでもある。」

飛鳥田一雄さんが、社会党の国会議員をやめて横浜市長に出馬し、当選したのは一九六三年のことであった。

当時、飛鳥田さんは四十八歳であった。

「ぼくは当時議会制民主主義というものの限界を感じていたんだよ。安保条約、警職法その他の法案の審議を通してね。結局、問題の原点にふれないで終わっちゃうんだ。

本当にこれが民主主義だろうか。

いわゆる代議士による政治、間接民主主義というものに非常に疑問を持っていたことは事実だよ。これは、自分の頭の中だけのことだけど、かなり深刻でね、もう役に立たない代議士をしていても仕様がない。」（横浜市史資料室、紀要、第二号　二〇一二年）

後に、横浜市長のブレーンとなった鳴海正泰さんのインタビューに応えて、こう飛鳥田さんは述べている。

こうして、一九六三年に横浜市長になった飛鳥田さんは、一九七八年までの十五年間、市民との間に直接民主主義を実現しようと考え、さまざまな試みを行ってきた。

その中心的ブレーンが、田村明さん（後に法政大学教授）と鳴海正泰さん（後に関東学院大学教授）の二人である。

まず、市長と市民が直接顔を合わせて語り合う「一万人市民集会」が始まる。

この流れは、区民会議の創出へと続いていくのだがいくつかのハードルがあった。

横浜市役所が市民の政府になるのは当然だが、人口が多すぎる（当時一五〇万人。後に三〇〇万人）。だとすれば、区役所が、自立した市民の政府になるべきだと飛鳥田さんは考えていた。

区民と接する区役所が、市民のための政府になるためには、まず、一定の人口を考えねばならない。

飛鳥田さんは、人口が七、八万人程度がよいと考えていたけれど、当時の戸塚区は四〇万人を超えていた。多くても一〇万〜一五万人以内が適正人口だと飛鳥田さんは考えていたようだ。

そして第二に、その区役所にかなりの点まで問題を自分で解決できる権限をおろしてやる必要があるとも考えていた。そうすれば、区民と共に地域社会の課題を解決していくことが可能になる。

そして三つ目は、人材の問題。

この三つが揃うことで、地域の民主主義が成熟していくと飛鳥田さんは考えていた。

しかし、実際には、地域に存在している町内会・自治会の行政に対する依存体質と、行政側の町内会・自治会への依存関係があった。

この課題にも手をつけたかったけれど、そこまで深めることができず、逆に地元に存在している保守主義をそのままにしてしまったと反省もしている。

飛鳥田市政になってから町内会長にバッチを交付したり、町内会の表彰なども行って、その活性化を目指してきたけれど、逆に選挙の後援会組織になってしまうという体質も育ててしまったという。

飛鳥田さんの考えていたのは、イタリアのボローニャとかミラノの区民会議であったが、せっかくつくった区民会議も体制化してしまったと飛鳥田さんは反省している。

飛鳥田さんは、鳴海さんとの対談の中で、こう述べている。

「民主主義が本当に個人として成熟していない所では、改革をどんなにやろうとしても失敗に終わる。どうもそういう感じがする。それをやろうとしたら市長の任期四年位ではね。大体、一万人市民集会を提出して、区民会議ができるまで十年間かかった。だからそういう地域の民主主義が十年、二十年でできるもんじゃないよ」

「パリコミューンにおけるクラブのようにね、大衆自身が自発的な意図をもって政策を提言するという形が望ましいけれど、そこまでゆけなかったもどかしさはあるよ、正直言って」

しかし飛鳥田市長は、自治体は国の下請け機関でもなければ、末端機構でもない。自治体の代表として具体的な行動を示してきたのも事実である。

例えば米国が北ベトナムへの爆撃を再開した一九七二年、ベトナム戦線で使うM48戦車を相模総合補給廠《しょう》で修理し、横浜ノース・ドックから積み出す作業が始まった。

飛鳥田市長は市長の権限で戦車を搬送させないため「車両制限令」により、制限を超える重さや幅の車が通る際、市長の許可を得なければならないという理由で市民と共に拒否したのである。

ノース・ドックの前の村雨橋で移送を阻止し、市長自ら「米国は日本の法律を守れ」とハンドマイクで叫んでいたのを、ぼくもすぐ側で見ていた。

また、一九六七年、原子力船の母港用地として横浜港の使用申し入れがあった時も、飛鳥田市長は市民と共に母港化を阻止したことがある。

こうした流れの中で、横浜市独自の公害防止協定をつくったり、宅地開発要綱を制定し、さらに中国の上海市との友好都市提携を進めてきたりもしたのであった。

地域の民主主義は、個々人の成熟した民主的な生き方と、市民との連携の中で、地方自治をつくっていくという日々の動きの中で育っていくものである。

個人と国家の間に、いかに「市民の政府」がつくれるかということが、飛鳥田さんの残した大きな貢献だとぼくは思っており、一九六三年から一九七八年にかけての革新自治体の実践と体験は、現代に引き継ぐべきものだという思いが強くある。

ライフネットワークの千秀

この時期、沖縄では名護市辺野古で新基地建設のための公有水面埋め立ての承認手続きについての検討をしていた第三者委員会による「手続きには法的に瑕疵《かし》がある」という報告書が沖縄県知事に出されるという状況も生まれていた。

また、この新基地建設のための埋め立てのため、大量の土砂が県外から持ち込まれることに対して「県外土砂規制条例案」が沖縄県議会の特別委員会で可決され、本会議でも可決されたのである。

防衛省によると、辺野古沿岸部を埋め立てるためには二一〇〇万立方メートルの土砂が必要であるという。

これは東京ドーム一七個分の土砂にあたる。

これだけの大量の土砂を県内からだけで調達するのは不可能に近い。そのため、県外各地から、状況によっては海外からも運び込むことが予定されている。

条例案は、特定外来生物が付着、混入した埋め立て用材（海砂、石材、山土）の県内への搬入を禁じ、搬入する場合、予定日の九十日前までに採取地や外来生物の有無、混入防除策を県知事に届け出るよう義務づけている。

そして、県の立ち入り調査や、事業者に対する知事の搬入中止勧告なども盛り込まれている。

こうした状況の中、日本政府は、二〇一五年八月十日から一カ月間、辺野古の工事を中止し、その間、日本政府と沖縄県の話し合いを行うことを発表し、さっそく菅義偉官房長官が沖縄を訪ね、翁長知事との会談が始まった。

その第一回の会談が始まる直前の八月十二日午後一時、沖縄県うるま市の伊計島近くの海上で訓練をしていた米国の陸軍ヘリコプターH60が、米艦船への着陸に失敗、甲板上に墜落するという事故が発生した。このうち六人の乗組員が負傷し、そのうちの二人は日本の陸上自衛官であるというニュースも入ってきた。

沖縄では十一年前（二〇〇四年）に、沖縄国際大学に米軍ヘリコプターが墜落炎上するという大事故もあった。

沖縄県も県民も共に、やめてほしいという新基地建設を強引に押し進める日本政府と、沖縄との交渉は、これから重大な局面を迎えることになると思うが、これは、一人ひとりの市民を大切にし、地域の意見を尊重すべき、日本国憲法の基本理念である。

日本中の人々が、そして各地の自治体が、沖縄の課題を自分のこととして、声をあげ、市民の声を国に届けなければならないし、国もその声を聴かねばならない。

また、八月十一日には、九州電力川内原発1号機が再稼動した。福島第一原発事故から四年五カ月、被災地域の範囲も不明確なまま、この重大な決定が見切り発車という形で進められてしまった。

核のゴミの最終処分の問題も全く見通しのつかないまま、国は、原子力規制委員会や九州電力に責任を負わせ、市民一人ひとりの不安や意見に耳を傾けず、この課題も強引に進めようとしている。

こうした大きな動きの中で、一人ひとりの市民の声をつなぎ合わせ、ぼくらの納得できる暮らしに引き戻さなければならない。

八月三十日には、全国的な国に対する批判行動が予定されているが、ぼくらもその一日前、声をかけ合い、集団的自衛権反対と、現政権への抗議の集会をもつことにした。

ぼくが沖縄へ行く以前、一九九〇年代には、ぼくの住んでいる地域でいくつかの集まりをもっていた。その中の一つ「ライフネットワーク千秀《せんしゅう》」というグループの仲間から連絡があって、メンバーの一人のお宅で久しぶりの集まりがあった。

ぼくが小学生の時には、小さな分教場であった小学校は、今では「千秀小学校」というすばらしい名前の小学校になっている。今、学校へ行くと「千に秀でた子どもを育てる千秀小学校」と大きく書かれている。

その小学校にかつて青木松則先生が赴任した。

地域活動にも熱心だった青木先生は、千秀小学校に十年間勤務し、さまざまな地域に根付いた実践をつくってくれた。

その中に「家庭教育学級」という試みがあった。

地域の方と子どもたちを繋ぐ集まりで、ぼくもよく参加した。地域の農家の方や、商店の方が講師になり授業も行っていたが、それが後に「プラスワンの会」となり、放課後や休日に地域と学校との交流を深めていった。

そこには、先生方、ＰＴＡの役員、町内会の方そして地域の人々も参加していた。

その中に学習塾の酒井孝司さんも参加していた。

子どもたち一人ひとりにジックリと関わり学びをサポートする酒井先生は人気があり、学校との関係も深かった。

その中から「ネットワーク千秀」という取り組みが始まったのであった。その発足の時の第一号のニュースが手元にある。

「本会の一番の目的は出会いです。私たちの地域は、田谷、長尾台、小雀、金井の四つの町よりなっています。まず、四つの町とそこに暮らす人たちとの素敵な出会いができればと思い〈再発見、わたしたちの町（全4回）〉を企画しました。それぞれの町を訪れ、土地にふれ、人にふれながら私たちの町を見つめ直し、理解を深めていきたいと思います。子どもたちからお年寄りまでの参加をお待ちしています。」

あれから二十年余りたった今回集まってみると、青木先生は既に教員をやめられ、農業をやってられた。野菜をたくさんつくられ、陽に焼けて、本物の農民になっていた。

ＰＴＡの役員をしていた水落篤子さんは町内会の副会長、若かった町田大樹先生は今は市の指導主事、そして酒井塾の酒井孝司さんは、塾歴三十年の大ベテラン。これから子どもだけでなく高齢者も集まれる場をつくりたいと夢を語ってくれた。また、あの時のような「出会い」の場をつくりたいねと語り合った。

酒井さんは、三十年間、千秀小学校の生徒と付き合ってきて、ほとんどの人が知り合い。その人たちが親にもなっている。酒井さんは「千秀小学校」をこの地域の人すべてにとっての「出会いの場」にしたいという夢をもっている。これは実現しそうだ。また、水落さんは、この地域の女性とのつながりが深く、信頼も厚い。

また近いうち集まりを持ちたいというのが、その時の結論だった。

あすは、八月十五日。田谷町の盆踊りである。

ぼくも久しぶりに参加しようと思う。

先日廻ってきた町内会便りの中に、老人クラブ「長生会」の通信もあり、その中に、

「田谷町内会五百世帯のうち、長生会加入世帯は62世帯だけです。

30世帯増加という目標を達成したいと思っています。

町内会にお住まいの60歳以上の方、是非一度長生会の扉をノックして下さい。八月十五日の夏祭りには長生会席でお待ちしています。是非お立ち寄り下さい」とある。

まず、自由に語り合える場と人との出会いの一歩をぼくも踏み出したいと思い、長生会への参加も楽しみにしている。

八、共生・協同の暮らし

新しい働き方とワーカーズコープ

今年（二〇一五年）の八月、一週間余り沖縄へ行くことができた。

沖縄大学で夏休み期間中ではあるが、学生たちに寄附講座という形で「ワーカーズコープ論（協同組合論）」を行うことになり、ぼくもその中の一講座を担当することになったので全日参加をすることになった。

沖縄から横浜に移ったのは六月の末日。

それから一カ月余りの日がたったが、まだまだ家の片付けはすんではいなかった。

また、沖縄で住んでいた借家にも生活用品などが残っており、もうしばらく借りておくことにしたので、沖縄での日々は今までの家で、シンプルになった環境の中で過ごすことになった。

那覇空港に着いて、そのまま沖縄大学に寄り、簡単な打合わせをして通りを歩いていると、いつも寄っていた理髪店「ひろし」が目に入り、ちょっと挨拶をする。

理髪店の店主は宮古島出身のおじさんで、ちょうど客もいないので新聞を読んでいた。顔が合うと、「ありゃ、珍らしいねえ、いつ来たの」といつもの調子になる。客もいないし、ぼくの髪も引っ越して以来刈っていなかったので、理髪をお願いすることにし椅子に腰をおろした。

何だかすごく落ち着く。

「本土の人は沖縄のことどう思っているんだろうねえ、辺野古のキレイな海をヨ、埋め立てて基地にしてしまうなんて、日本政府もあんまりだよネ」奥さんは近くの「やんばる食堂」で働いている。大学の近くにあるこの食堂は二十四時間営業。年中無休。大学生やタクシーの運転手さんなどでいつも満員。

ぼくも時々行っていたのだが働いているのは近隣の女性たち。

お互いに顔見知りで実に家庭的。量も頼めば大盛り小盛りも自由で、実に落ち着く。

理髪店でもとりとめのない話ができるが、食堂でもどこでも知り合いがいればすぐに話がはずみ、誰もが心を許し合っている。

沖縄では、「いちゃりばちょりでい」（出会えばみな兄弟）という言葉があるが、それが少しも誇張ではなく自然に思える。

誰もが親しい仲間、家族のようにつき合うという関係が沖縄ではごく自然にできている。

今回行う講座のテーマ「ワーカーズコープ」は、一緒に働く、労働の協同組合ということで「共同売店」などで具体的な形もある沖縄でやれるのは自然かなと思えた。

大学には通常の講義とは別に「寄附講座」という制度があり、あるテーマ（科目）で半期（または全期）の講義を寄附するという授業である。

講義の内容、講師などの費用は全て寄附する団体が責任を持つ。

大学は会場を提供し、教授会で内容等大学の講義にふさわしいと認められれば単位も出すというもの。

今回の講義は、法経学部の学生を中心に受講され、単位も付くことになっていた。

担当は沖縄大学の島袋隆志先生（沖縄経済、企業論、キャリアデザイン論）。

翌日の八月十七日から講義は始まった。

まず初日は、ワーカーズコープセンター事業団の藤田徹理事長の「ワーカーズコープ」の歴史や目的、具体的内容についての話があり、後半は映画「ワーカーズ」の上映。

日本における「労働者協同組合」（ワーカーズコープ）の運動の始まりは、戦後の失業対策事業からである。

戦争によって日本全土は焼け野原となり、仕事もなく生きていくことに苦しんでいる人々に政府は失業対策事業として清掃や公共事業を提供し、生活を支えたのであった。

土木工事の現場ではこうして「失対（失業対策事業）」で働く人々が多かった。

当時、日当が低かったがそれでも仕事があったので、人々の生活は安定した。

当時つくられたのが「全日本自由労働組合」（全日自労）で、この組合の目標は「失業、貧乏、戦争なくせ」であった。

やがて政府の失対事業も打切りとなり、「中高年雇用福祉事業団」などをつくって、仕事づくりを始めていたのだが、イタリアの「労働者協同組合」の調査・研究を行う中で、一九八六年に正式に「労働者協同組合」として出発することになり、一九九二年には日本協同組合連絡協議会（ＪＪＣ）にも加盟した。

農協、漁協、森林組合、生協、全労済などと共に活動も始まったのであった。

一九九五年には「高齢者協同組合」も誕生し、新しい仕事づくり、地域おこしが始まってきたという歴史がある。

協同労働（ワーカーズコープ）による働き方は、雇われない働き方とも言える。

現在の労働は、ほとんど全て「雇用労働」で、どこかの企業、団体、組織に雇われることになり、言われた通りに仕事をすることになってしまう。

またいつ解雇されるかわからない不安もある。

そのため労働組合ができ、交渉が行われるようになったが、そこにはいつも「労働者」と「資本家（経営者）」の対立構造があった。

労働者協同組合（ワーカーズコープ）は、みんなでお金を出し合いながら責任を分かち合って働く組織、働き方である。

利潤を目的とするのではなく、働く人の意志や働きがい（主体性）を大切に、人間らしい働き方をしようというのである。

また誰でも、どこでも地域に必要な仕事をつくることもできる。

働く仲間全員が対等に意見を言え、やりたいことを一緒に考えられる働き方なのである。

今年改定された「新原則」のはじめの文章には、このように書かれている。

「私たちは、発見した。雇われるのではなく、主体者として、協同、連帯して働く「協同労働」という世界。一人ひとりが主人公となる事業体をつくり、生活と地域の必要、困難を働くことにつなげ、みんなで出資し、民主的に経営し、責任を分かち合う、そんな新しい働き方だ。

……（中略）……

私たちは直面している。

人間、労働、地域、自然の限りない破壊に。だからこそ、つくり出したい。

貧困と差別、社会的排除を生まない社会を。だれもがここちよく働くことができる完全就労社会を。

あたたかな心を通い合わせられる、平和で豊かな、希望のもてる新しい福祉社会を。

……（後略）……」

一五回の講義は、「沖縄の協同の実践の現状と課題」「協同労働のまちづくりの先進事例、原則と方法」「協同労働の経営論」「ワークショップ（課題の発見と仕事おこし）」「生活困窮者自立支援方法と課題」などビッシリだったが楽しい内容であった。

沖縄大学の土曜講座

この講座で興味深かったのは、現在求職活動で走り廻っていた大学生が、雇われない仕事という話に面喰らっていたのだが、世の中には必要とされている仕事が沢山あることに気付いて「ワーカーズの生き方は、資本主義を越えていくのですね」と発言するまでになってぼくらの方が驚いた。

後半のワークショップでは、大学内での課題発見（困っていること、必要なこと探し）から始まり、テーマを決めてそれを仕事にしていくプランづくりをしたのだが、その後半には学生の目が輝き出していた。「安くて安心して食べられる学生食堂づくり」や「余ったもの、いらなくなったものを交換するフリーマーケットの企画」「空き家、空き店舗を活用した共同宿舎づくり」「地域の子どもたちが集まる大学内での学童クラブづくり」など。

一つ一つの案を大きな紙に描き発表しあうプレゼンテーションでは、拍手や笑い声まであふれ「まじでできるじゃんヨー」という叫び声まであがった。

担当された島袋先生は、「この講座だけで終わらせないで、後期の授業では沖縄で実際に行われているワーカーズコープの現場に見学に行きますよ」と言われていた。

この講義の最終日、八月二十二日は、沖縄大学の土曜講座と合同で「ワーカーズコープ運動の挑戦と沖縄」というタイトルで一般の人々も参加できる討論会とした。

戦前の沖縄には大学はなく、師範学校しかなかった。そのため向学心のある若者は本土の大学へ行くしかなかった。

その中で私学の大学として最初につくられたのが沖縄大学。一九五八年、はじめは短期大学として設立されたのである。

沖縄の再興のためには人材の育成しかないと考えた実業家、嘉数昇さんが創立したものである。

一九七二年の復帰の時には、本土の大学設置基準を満たしていないと廃校するよう指示を受けたが、学生、教職員の必死の努力と県民の支援を受けて存続が決まり、一九七八年には沖大の理念を決定する。

それが「地域に根ざし、地域に学び、地域と共に生きる開かれた大学」である。

この理念を具体化したのが当時の新崎盛暉学長で、まず入試改革から取り組まれた。「学んだ学力、身につけた知識よりも、学ぶ意欲を」という基本方針が生まれる。

また入学式は単なるセレモニーではなく、灰谷健次郎原作の『太陽の子』を上映することから始まり、初期の頃の入学式の記念講演には次のような方々がやってきた。

林竹二、佐藤忠男、筑紫哲也、大石武一、太田堯……。さらに移動市民大学、他大学との単位互換などさまざまなアイデアが生まれ、その中の一つとして土曜講座が誕生する。

原則月二回、土曜日の午後、一般市民に開放されて行われ、第一回は遠山茂樹横浜市立大学教授の「戦後改革の評価」であった。

二〇一二年には、この土曜講座が五〇〇回目を迎えた（この時の記録は『地域共創・未来共創―沖縄大学土曜教養講座500回の歩み』（沖縄大学地域研究所編、芙蓉書房）として出版されている）。

こうした背景のある土曜講座の第五二六回として、「ワーカーズコープ運動の挑戦と沖縄」は行われたのであった。

この日は、日本労働者協同組合連合会理事長の永戸祐三さんと、沖縄大学名誉教授の新崎盛暉さんにそれぞれ講演してもらい、その後ぼくの司会で討論することになっていた。

ぼくはこのような心づもりで司会に臨んだ。

「第二次世界大戦は、多くの尊い生命を奪い、貴重な文化を破壊しました。私たちは二度とこのようなことを起こさないよう、世界人権宣言や日本国憲法を制定し、武力による戦争を行わず主権は国民、市民にあり、私たちの努力で平和で民主的な社会を目指してきました。しかし、あれから七十年、時代は再び国家による中央集権化と経済的利益を中心とする市場主義へ、従属的な対米関係へと大きく傾斜しています。

こうした社会の中で雇われるのではなく主体者として働く協同労働の世界をつくり出し、地域（まち）づくりを実践しているワーカーズコープの運動が注目されています。

また、一六〇九年の薩摩による侵攻から日本による支配を受け、戦中・戦後と多大な犠牲を強いられてきた沖縄が、自分たちの土地と暮らし、そして生命を守るために粘り強く活動を続けてきたこと。そして県民の思いをハッキリと日本政府に主張する運動へと深まり、住民自治、地域自治の本質、民主主義そのものが問われる時代を迎えています。

自立した市民が連帯し、自らの暮らしをつくり、仕事をつくり出し、地域社会をつくりあげていくという協同の思想は、これからの沖縄にとってもっとも関心のあるテーマと思われます。

基地のない暮らしは、戦争の論理ではない市民による共生、協同の社会になるはずであり、沖縄社会のこれから、また日本社会全体の未来構築、ワーカーズコープの運動と沖縄の民衆運動がどう連帯し、共鳴していくのかということをお二人の討論の中でジックリと話し合えればと思っています」

新崎さんは、金武《きん》湾を守る会、反戦地主会、一坪反戦地主会など地道な運動があって、一九九五年の県民集会が大きな転機となったと語られた。名護市長選、県知事選そして衆議員選挙と県民はハッキリと一人ひとりの意志を示してきている。

そのためには日本本土の動きと共鳴し合うことが大切で、本土と沖縄の交流、相互支援がますます必要になると言われた。

ぼくはこの日、ワーカーズコープの運動と沖縄の動きが確かにつながり合ったなァと感じ、うれしかった。

その一つとしてワーカーズコープと、ワーカーズコープが中心となって発足した「日本社会連帯機構」が、失業問題や地域の課題を解決するために取り組んでいるところへ支援を進めているのだが、その二つが協力して「沖縄連帯基金」を設立し、全会員からの支援金を集め、辺野古の活動に送ることを決めたと知った。

こうした相互のつながり、ネットワークがやがて大きな動きになっていくと感じていた。

戦争をさせない一〇〇〇人委員会

沖縄では台風15号に遭い、横浜に戻るのを少し遅らせたが無事に帰れた。

本土に戻ると国会での「安保法案」の強行採決の動きもあって、各地で反対運動が起こっていた。

ぼくの住んでいる横浜の戸塚区、栄区、泉区でも、再び日本が戦争を始めるのではないか、あるいは巻き込まれていくのではないかという不安が多くの市民に拡がっていた。

二〇一五年八月三十日には国会前で大規模な集会が予定されているが、その前後にも各地域で集会をもつという計画があって、八月二十九日の午後、近くのＪＲ戸塚駅で集会をもつことが決まった。

呼びかけは「戦争をさせない一〇〇〇人委員会」。この委員会は、昨年（二〇一四年）三月に、ノーベル賞作家の大江健三郎さんたちが発起人となって「戦争への道を突き進む政府の暴走を阻止し、一人ひとりの平和に生きる権利を守りぬく運動」として発足したと言われている。

その趣旨に賛同し、昨年の八月、戸塚、栄、泉の旧戸塚区の三つの区民が中心となってこの「一〇〇〇人委員会」がつくられた。

午後三時、戸塚駅へ行くと、たくさんの市民が集まり、思い思いのプラカードやビラを用意して、まず最初は四カ所に分かれて通る人々に「安保法案」反対を呼びかけていく。

ぼくも用意してきたビラを配るが、なかなか受けとってくれない。

参加している市民の何人かが、マイクを握って、何故こうした行動をしているのかを通る人々に話しかける。

大きな看板に、安保法制に反対か賛成か、分からないかのシールを貼ってもらうパフォーマンスも始まる。

だんだん人も集まり、あちこちで対話が始まっていく。

中には「北朝鮮から日本を守るために軍隊は必要だよ、オレは賛成！」といってシールを貼っていく人もいた。

午後四時すぎ、駅前の広場に集まり、四カ所から市民が戻ってくる。

ざっと一〇〇人を超える人々が集まる。

「こんなに科学兵器の進んだ時代になって、戦争をやったり、空爆されたらとんでもないことになってしまう。

もう武力ではおさまらない。話し合いで問題を解決していくべきだと思います。

自衛隊が後方支援で武器や弾薬を運んだら戦争に参加していると認められます。

もう戦争はいやです。子どもたちのいのちを守りたいです」

一人ひとりの声が次々と拡がっていく。

ぼくにも沖縄の様子を話してほしいと声をかけられ、辺野古、普天間基地の話をする。

「基地には武器や弾薬がたくさんあります。

どこかで戦争があれば、この基地から次々と出撃し、他の国の人々を殺し傷つけることになります。

沖縄の人たちは、このように他国の人々の命を奪うことをやめてほしいと思っているのです。基地は戦争のためのものだからです。基地をもつことは、加害者、殺人の側に立つことになるからです」

この戸塚駅のすぐ側には明治学院大学があり、その学生さんたちも立ちどまって聴いている。そのうち、三人の男子学生が前へ出てきて話させてほしいという。

「ぼくたちは、ごく普通の一般学生です。

今まで何かの活動をしていたわけでもないですけど、今の国会のやりとりを見ていて、本当に心配です。憲法のことを国会議員や大臣、総理が知らないんじゃないかとビックリしてます。

この法案を一度廃案にして、もう一度はじめから話し合う必要があると思いますヨ」

拍手がわく。高校生と思われる女子学生も立ちどまって聴いている。

かつての戦争も、知らない間にどんどんと話が進んでしまい、気付いた時にはもうやめることもできないところまできてしまっていたとよく言われている。

今はまだ話し合っている最中であり、無関心でいることが一番恐いことのような気がする。

その日の一〇〇〇人委員会の集会は、あす（八月三十日）は、国会前へ行ける人は国会前へ、ここに集まれる人は戸塚駅の広場で同じ時間に集会をもつこと。

また家や職場から離れられない人は、そこで自分の気持を声に出したり、心でつぶやいたりしましょうと話し合って解散。

翌日の八月三十日、ぼくは妻と一緒に桜田門駅で降り、国会前へ向かった。

集会時間は午後二時であったが、お昼でもたくさんの人が集まっていた。

国会前の公園でオニギリを食べ歩道へ。

凄い人で身動きができない。学生たちのシュプレヒコールがリズミカルで気持よく聴こえる。

お年寄り、子連れの夫婦、若い人、ほんとうにいろいろな方々が参加している。

一九六〇年の安保闘争の時、ぼくは十八歳で大学一年生であったが、あの時は全国から集まった学生が中心であった。

また労働組合や各政党、団体が中心であったが、今回は明らかに市民の一人ひとりがやむにやまれずに国会前へやってきたという感じがある。

したがって、押し合ったりすることもなく、外へ出ようとする人がいると皆で声をかけ合ってかばっている。

はじめて会う人とも気軽に声がかけられ親しくなる。

頭に鹿の角をつけたおじさんがいて、プラカードには「奈良の鹿も戦争には反対です」と書いてある。

余りに人が多く、歩道から車道へ人が押し出され、ついには車道に人があふれ出し、車道も一杯になってしまった。

主催者の発表で十二万人ということだが、全国各地で集まった人を合わせると本当に凄い人がこの日、声をあげ国会前に集まったと思う。

ぼくは、沖縄と日本が一つになって、これからどう生きたらよいのかを真剣に考える時にきているなァと感じていた。

しかし、国は「影響はない」と言っており強行採決の姿勢は崩していない。

ぼくらには毎日の暮らしがあり、毎日集会に行くわけにはいかない。

暮らしの中で、お互いを尊重し、一緒にどう生きていくのかを考えると、日々の暮らし、仕事をどうしたらよいのかというところに行きついてしまう。

沖縄の辺野古問題は、国と沖縄県の一カ月の話し合いが行われ、埋め立て測量も中止されていたが、再び九月から始まった。

その中で九月十四日、沖縄県の翁長知事は辺野古沿岸部の埋め立て承認の取り消しに向けた手続きを開始することを表明した。

このままでいくと十月にも正式に取り消すことになり、国との法廷闘争になる可能性が高い。

こうした流れを見ていると、国がどんどん遠くへ行ってしまったなァと思う。

身近な地方自治、暮らしの中で本気で協同で課題を見つけ解決していく力をつけたいなァと思う。

憲法の精神を日々の暮らしの中でつくり、生かしていくこと、そこから社会を変えていく力がつくのかなァと考えている。

九、離陸の思想・着地の思想

「三人会」から「賑栄い塾」へ

二〇一五年十月十日の土曜日、ぼくは妻の晴美と一緒に池袋から西武池袋線に乗り換え、西武秩父駅で降り、その日から始まった第二十回の「賑栄い塾《にぎわ》」の合宿研究会に参加した。

会場は秩父市中津川にある「こまどり荘」。西武秩父駅からバスで一時間余り秩父の山中に入ったところ。「賑栄い塾」は、一九九六年に始まった「三人会」がそのスタートである。当時、予備校の講師をしつつ、平和活動も行っていた阿木幸男さんの呼びかけで始まった少人数の自由な語り合いの会を、中心になった三人が相談してスタートしたので「三人会」と呼ばれるようになったもの。

呼びかけ人となったのは、阿木さんとぼく、そして岸田哲さんの三人。

岸田さんは阿木さんと同じくワーク・キャンプに参加し、イスラエルのキブツに数年間渡り、キブツの集団農場で共同体の生活体験をした後、日本の共同体と外国の共同体運動をつなぎ交流を深めるための雑誌『月刊キブツ』の編集の仕事に従事していた。

その後、古い歴史をもつ奈良県の大倭《おおやまと》紫陽花邑のメンバーとなり、集団生活の一員として活動をしていた。

ぼくは、横浜市の職員として日雇労働者の街、寿町での生活相談員、児童相談所のケースワーカーを経て、横浜市立大学の教員をしている時であった。

ぼくら三人は、それぞれに知り合いに声をかけ、三〇〜四〇人ほどの人々が集まり、それぞれがやっていること、考えていることなどを話し合い、交流を深めながらまた自分の場へ戻るという語り合いを続けることになった。

阿木さんが何故この年、つまり一九九六年に呼びかけたのかを考えると、その前年の一九九五年に大きな出来事がいくつか起こり、自分たちの生き方が問われていたということが考えられると思う。

一つは一九九五年一月十七日に起こった巨大地震、阪神淡路大震災である。高速道路が横転し、大きなビルも崩れ落ちるという凄まじさで、数多くの死者も出た。

そして特に被害の大きかった地域には劣悪な住宅環境や経済的な貧しさも集中していたこともわかり、この自然災害には人災という要素も大きかったということがわかってきた。

多くの市民が駆けつけ、民間の人々による支援活動が行われることになったのだが、国の対応はきわめて冷淡であった。

そのため被災者が中心になり市民と議員による「被災者生活再建支援法」がつくられるという活動もあった。

そして、この年にあったもう一つの出来事は、オウム真理教による数々の事件である。中でも、無差別殺人となったサリン事件は、あらためて時代の深い闇を見せつけた。

生きるとは何なのか、今の時代はどこに向かって進んでいるのか、多くの人々が不安になっていたことは疑いない。

こうした時代背景の中で阿木さんは「三人会」を呼びかけたのだと思う。

阿木幸男さんは、大学時代にワーク・キャンプ運動と出会っている。

そのことが阿木さんのその後の生き方に大きな影響を与えたと思うのだが、阿木さんはその後、フレンズ国際ワーク・キャンプ関東委員会（FIWC）に参加し、さまざまな活動と関わっていくことになる。

ワーク・キャンプは一九二〇年、第一次世界大戦で荒廃したフランスとドイツの国境の村、ヴェルダンのエスネー村で、復興のための活動として最初に始められたといわれている。

呼びかけたのはスイスのピエール・セルゾールさん。国際市民奉仕団（SCI）と名付けられたこのワーク・キャンプ活動は、良心的兵役拒否者のための代替サービスとして制度化されるようになった。

セルゾールさん自身も兵役を拒否し、軍事税の支払いも拒否して何度も投獄されている。

阿木さんは一九七二年、非暴力トレーニングのためにアメリカに渡り、アメリカ・フレンズ奉仕委員会（AFSC）主催のワーク・キャンプに参加している。そしてSCI日本支部の事務局を担当しながら「プロジェクト・アメリカ一九七六」にも参加し、コーディネーター役も務めた。

この年はアメリカ合衆国の創立二百年の年で、アメリカの過去と現在をふり返り、その反省をふまえて、いかなる国とも協力していくための「草の根レベル」の交流をしていくプロジェクトが組まれたのであった。

それがアメリカ合衆国を徒歩と自転車で一年かけて横断し、その旅の中で地球上のさまざまな問題、とりわけ平和や戦争について討論をしていくというプロジェクト。

阿木さんは、世界各国の人とチームをつくりこの旅に参加することになる。

阿木さんは、広島や水俣の状況を伝える英文の冊子を用意し対話を続けていくのだが、実際にはメンバー同志の中でも対立が起こったりして厳しい旅となったという。

このプロジェクトの終わった後、ワシントンで同じような活動を続けていた大嶋賢洋さんと出会い、「プロジェクト・ゲン」（「はだしのゲン」の英語版製作プロジェクト）を始める。

広島で被爆した少年ゲンを描いた漫画の英語版をつくり、世界の人々に読んでもらう活動であった。協力する出版社もなく、自費出版でつくり、五千部をアメリカを中心に売っていくのだが、この計画は二版にまでこぎつけ、エスペラント語版、タガログ語、ドイツ語、フランス語、スペイン語版へと各国に拡がっていった。

その後も阿木さんは、非暴力トレーニングのワーク・ショップの活動、日本チェルノブイリ連帯基金（ＪＣＦ）の設立に参加し、チェルノブイリへの医療品、医療機器支援の活動を行ってきた。またカンボジアの農村に学校を建設する活動も続け、「カンボジア・日本友好学園」もつくられた。こうして阿木幸男さんの人生は、ボランティアとして生きる姿勢で貫かれている。

阿木さんは、一九九九年に『ボランティア・パワーの行方』（はる書房）という本を編集して出版したのだが、その中でこう書いている。

「二十一世紀に直面するであろうさまざまな困難は人が手と手を、力と力を、心と心を合わせることで解決するという原則にまずは立脚するということである。そうした人間関係を地域社会で築く、住民参加型の試みが実践される時、解決の糸口は見えてくると思う。……（中略）……ぼくはこれからも、ライフ・ワークとしてボランティアを続け、人と人とのあったかなつながりの輪を少しでもひろげていきたいと思う」

阿木さんの呼びかけで始まった集いは、二〇〇〇年の集会から「賑栄い塾」と名付けられ、今年で二〇回目を迎えた。

今回のテーマは「再び、いのちの源流へ」であった。参加者は六〇名を超え、全国各地から集まってきた。そしてその日から討論は始まった。

自立とは支え合うこと

第二十回目の秩父集会への参加呼びかけに、ぼくはこう書いた。

「今回のテーマは《再び、いのちの源流へ》です。

自分自身の源流へ辿り着くための集会になると思います。武甲山と秩父困民党の世界との交流が、緑と清流に囲まれた山深いこまどり荘で行われます。幾千、幾万の時を超えて、私とすべてのものを繋ぐ営みが深く静かに行われると思います。今回で賑栄い塾は二十年の幕を閉じることにしました。

終わりは新たなはじまりとつながります。新しい流れが生まれてくると信じています」

ここに書かれているように、賑栄い塾は今回で終わることを三人で決めていた。数年前阿木さんは過労で倒れ、長い間入院し、今元気にはなっているが無理はきかない。ぼくも二年前、沖縄で倒れ、大学をやめている。岸田さんも、退職し、現場から離れた。

そうした背景もあり、集会の準備も含めいったんこの会は閉じようということになった。

第一日目の夜、全員の自己紹介の後、阿木さんが、この会の始まりの頃について語ってくれ、岸田さんが、この二十年間をまとめてくれた。

それを年表ふうにまとめてみる。

これまでの賑栄い塾の流れ—
(1)一九九六年十二月十四日（東京・早稲田奉仕園）（「不可視のコミューン」から二十六年、それぞれの今を語る）
(2)一九九七年十月十八日（東京・早稲田奉仕園）（21世紀への歩み—今考えていること）
(3)一九九八年十月十七日（東京・オリンピックセンター）（未来へのバトンタッチ—人間、自然、共同性）
(4)一九九九年十月九日（東京・オリンピックセンター）（ゆれ動く社会の中で、いのちのあり方を問う）
(5)二〇〇〇年十一月十八、十九日（奈良、大倭紫陽花邑）（いのちのあり方を考える）（ゲスト、山尾三省・見田宗介、この会から「賑栄い塾」という名称を使う）
(6)二〇〇一年十月十三、十四日（東京・オリンピックセンター）（暮らしの場から地球の行方を考える）
(7)二〇〇二年十一月三十日、十二月一日（東京・オリンピックセンター）（今、どこへ行くのか）
(8)二〇〇三年十月十八、十九日（奈良・大倭紫陽花邑）（いのちのつながりを考える）（ゲスト、見田宗介・出

口三平）
(9)二〇〇五年二月二十六、二十七日（沖縄・伊良部島）（ゲスト、近角敏通・見田宗介・出口三平・浜川シズ）
(10)二〇〇六年二月三、四、五日（山梨・石和温泉）（今、考えていること、そしてこれから）（ゲスト、森元美代治他）
(11)二〇〇七年三月二、三、四日（山梨・石和温泉）（ゆれ動く社会の中で、今生きるということ）（ゲスト、栗原彬・結純子）
(12)二〇〇七年十一月二十三、二十四、二十五日（三重・ヤマギシズム豊里実顕地）（今、何を考え、どこへ行こうとしているのか―共同体の鉱脈をさぐる）（ゲスト、栗原彬・佐貝貞夫他）
(13)二〇〇八年十月十一、十二、十三日（水俣・湯の鶴温泉）（一人ひとりの水俣からいのちの対話へ）（ゲスト、栗原彬・緒方正人・杉本肇他）
(14)二〇〇九年九月二十、二十一、二十二日（埼玉・秩父）（命の賑わい源流へ）（ゲスト、栗原彬・野口晥永・木村和恵他）
(15)二〇一〇年九月四、五、六日（京都・大江山）（丹のくにから〈もう一つの日本〉を考える）（ゲスト、村上政市・岩佐隆・新井英一他）
(16)二〇一一年九月三、四日（静岡・富士山）（終わりの始まり、始まりの終わり）（ゲスト、栗原彬・宮澤圭輔他）
(17)二〇一二年九月二十九、三十日（山梨・石和温泉）（暮らしの中で、今思うこと）
(18)二〇一三年十一月二十三、二十四、二十五日（沖縄本島）（いのちと暮らしの世界から）（ゲスト、安里英子・石原エミ他）
(19)二〇一四年十月十一、十二、十三日（佐渡）（佐渡から〈もう一つの日本〉を考える）（ゲスト、栗原彬・長嶋俊介・

山本誠・三村修・山本修巳・立石雅昭・本間慎・伊藤正福）

⑳二〇一五年十月十、十一、十二日（再びいのちの源流へ）

こうして二十年間をふり返ってみると、いろいろなことがあったなァと思うのだが、一九九五年の阪神淡路大震災にぼくは大きな影響を受けていると思う。

この災害の中から、市民による「復興宣言」が出されたのだが、そこには「自立とは、支え合うこと」と明確に書かれていた。それは、おおきな犠牲を払って手にした大切な「二十一世紀社会の海図」と言うべきものだった。「一瞬、一瞬にとらわれず時間と場所の座標を広くとって眺めれば、人間は互いに〈支え合う〉関係を続けてきたし、続けなければいけない。それが一人ひとりにとって〈自立〉ではないか。震災で学んだ最大のものは、地域コミュニティの大切さであり、そこで繰り広げられた支え合いであった。あの記憶を風化させてはならない。あの中に、人とまちの基本の姿があった。被災地から発信し、二十一世紀社会をリードしていく海図を私たちはつかんだはずだ」

もう一つは、二〇〇〇年の大倭紫陽花邑で開かれた賑栄い塾と、そこに参加した山尾三省さんがその直後に残した遺言である。そこには三つのことが書かれていた。

「まず第一の遺言は、ぼくの生まれ故郷の東京、神田川の水を、もう一度のめる水に再生したいということです」「第二の遺言は、とても平凡なことですが、やはりこの世界から原発および同様のエネルギー出力装置をすっかり取り外してほしいということです」「遺言の第三は、この頃のぼくが一種の呪文のようにして心の中で唱えているものです。われらの日本国憲法の第九条をして、世界のすべての国々の憲法第九条に組み込まさせ給え。武力と戦争の永久放棄をして、すべての国々のすべての人々の暮らしの基礎となさしめ給え」

山尾三省さんは、自らの死の近いことを知り、家族全員と共に、第五回の賑栄い塾に参加された。そして、その後、家族にあてた遺書の中で、この三つの遺言を書きつけたのであった。

そして二〇〇八年に行われた水俣での集まりで緒方正人さんが話された水俣病患者の三つの誇りである。(1)毒魚と知ってなお魚を食べつづけたこと。(2)胎児性水俣病患者が生まれてもなお子を産み育てたこと。(3)チッソに殺されてもなおチッソを殺さなかったこと。

この話を聞きながらぼくは、水俣病患者とは、受難の現実を引き受け、廃墟と化した世界をなお救おうとしている人々なのだと痛感させられた。

同じ誤ちをしてはならないと、いのちの最深部で受けとめ生きなければいけないと強く思った瞬間であった。

どこに着地し、根を張ればよいのか

激動するこの二十年続いてきた「賑栄い塾」も今年（二〇一五年）で閉じられることになり、さまざまな思いが渦巻いている。

阿木さんが言うように、賑栄い塾は組織でも団体でもない。会員制でもない。ネットワークのようでいて、決起し行動に移すという集まりでもない。一人ひとりが自分の意志で参加し、それぞれが語り合ったこと、感じたことを持ち帰り、どのようにするかはそれぞれの自由であり強制も約束も義務もない。

こうした思いは一種の「暗黙の了解」のもとに進められてきた。ふり返ればよく続いてきたものである。しなければ……でもせねばでもなく、何となく一年に一度は会いたくなり、本音で語り合える不思議な集まりであった。

第五回の二〇〇〇年の時には、社会学者の見田宗介さんから「離陸の思想」「着地の思想」についての報告があった。

これまでの人類の歴史は「離陸の思想」が基本になっていたのではないかと見田さんは言う。人間はいかに動物と違うのか、また都会はムラとは異なった生き方になり、現代は近代をいかに乗り越えたかといった具合に、常に新しい地点へ進歩し、発展してよい方向へ進んできたという確信があった。

しかし二十世紀が終わり二十一世紀に移る時を迎え、人間にとって、どこに「着地するか」という発想がとても大事ではないかという気付きが始まっているのではないか。「離陸の思想」の限界というか、このままでは行き詰まってしまうのではないかという不安が人々の心の奥の方に芽生え始めている、と見田さんは言うのだ。

どこに生きる「根」を置き、私たちは生きていけばよいのか、その「着地」の実感をより確かなものにしていかなければならない必然性が、誰の目にも明らかになりつつある時代が、今だと言うのである。

あれから既に十五年が経過して、二〇〇一年には9・11の世界貿易センターへのテロがあり、その報復としてのアフガニスタンへの空爆が始まった。二〇〇八年には世界金融危機が拡大した。二〇一一年三月十一日には、東日本大震災が発生し、福島原発の大事故となった。そして今年、二〇一五年九月には「安保法制（戦争法案）」が国会で強行採決されてしまった。

着地点が探し出せないまま、経済成長、軍事拡大を続ける「離陸の思想」で走り続けている世界がある。

経済格差は拡大し、人間と人間の関係も崩壊し、対立と憎しみが増幅していく現実。

対話と協同、協調ではなく武力と力による抑止力という戦いと力の論理で時代はまだ進んでいる。

放射能の利用、リスクを背負ったままの便利さではなく、自然との共生による安全、安心の暮らしへの「着地」がなかなか見えてこない現実がある。

二〇〇九年の賑栄い塾は、秩父で行われた。

関東一帯（特に東京）の水源地である秩父・荒川の記録映画の上映から始まった、その集会では、社会学者の栗原彬さんの「水の思想に耳を澄ます―足尾・水俣・秩父」のお話からスタートした。

そして、セメントの原料としての石灰岩の豊富な武甲山の山肌はえぐり削られ、岩が露出する姿になっていた。近代化のため、自然神である武甲山は爆破され続けていた。

この時の賑栄い塾では、オプショナルとして武甲山に登ることができた。その時の感想を、その集会報告にぼくはこう書かせてもらった。

「秩父の集会に参加して一番心に残ったのは武甲山の姿です。外から見ると何とも痛ましく、傷つき苦しんでいる武甲山でした。しかし実際に武甲山に登ってみると、豊かな自然、美しい山肌、そして水が流れ、内なる武甲山は昔ながらの宇宙を保っていると感じることができました。この現実は現代社会そのもの。そして私たちの生活そのものかもしれないと気付きました。自然破壊は、人間の絆や肉体、そして心や精神までもむしばんでいると見えますが、一人ひとりの肉体や心には、まだ生きものとしての感覚や記憶が残っており、悩み、苦しみながらも復元しようとしているという思いがありました。武甲山の山中で、昔の祈りの場が見つかったのは感激でした。ぼくらの魂の中にある泉（いのちの根源）は、まだ枯れていないと実感しました。

一人ひとりのいのちは、何ものにも代えられないもの。このからだと心のリズムに合わせて生きれば、きっと全てのいのちと呼応できると感じ沖縄へ戻りました」

そして今回、二度目の秩父での賑栄い塾。

そしてその最終回。たくさんの若い芽が秩父で育っていることに感激した。秩父で鍼灸院を営んでいる三上創さんは、まだ二十九歳。三上さんは、今の医療は、自分の身体と戦争をしているようなものだと言う。

身体はその人の生きてきた証が刻まれた書物のようなもの。物言わぬ書物（身体）を紐解けば、病の理由は自分の人生の中に必ず存在していることがわかる。今本当に病んでいるのは「身体」ではなく、自分の身体との向き合い方である「身体観」であると考え、人の身体を通して平和を訴える鍼灸師になるのだと発言した。

また秩父出身の清野和彦さんは、大学卒業後アフリカのケニア共和国へ行ったり、日本森林ボランティア協会で働いたりして、神職の資格も取得し、秩父に帰ってきた。昨年の秩父市議会議員選挙に立候補し、見事当選。武甲山に木を植え、豊かな武甲山を取り戻すことが公約であったと言う。

この秩父の地には、養蚕が盛んな時代があったが、近代化の中で養蚕業は衰退させられ、多くの農民が苦しんだ時代があった。

その時、秩父の村民が話し合い、自由民権の思想も学び、秩父困民党を結成し、農民の暮らしを守ること、税金を低くしてほしいという要望を出すのだが、ことごとく拒否され、秩父困民党に集まった農民は、その訴えを集団で起こすのである。

これが一八八四年十一月の秩父事件である。

農民の結束力は固く、農民、村民の支持を受けその行動は各地へ拡がっていったのだが、国軍の介入により武力によって弾圧され、多くの農民が処刑された歴史がある。

日本国憲法は、「主権在民」を基本にしている。

一人ひとりの市民の思いを大切にし、そこに基礎をおいて政策は行われるべきものである。

しかし、この秩父において日本初の農民の主権在民の行動は無念にも力によって制圧されてしまった。そのため秩父の人々は、政府に反発すること、自由に意志表示をすることができないまま、長い年月を過ごしてきた。

二〇〇四年、秩父事件を農民、村民の側から描いた映画『草の乱』（神山征二郎監督）が完成し、秩父困民党の秩父における再評価が始まった。

賑栄い塾終了後、ぼくは岸田哲さん、阿木幸男さん、そして地元の黒澤有一さん（陶芸家）、地元出身の高倉敦子さん（ガイアみなまた）、音楽家の今井徹さんと、金仙寺にある田代栄助さんのお墓参りに行った。

田代さんは、秩父困民党のリーダーで処刑され、この地に眠っている。その墓からは、すぐ目の前に武甲山が見えた。

今ぼくらが着地すべき地点は、いのちと暮らしを基本においた地域での支え合いの社会である。賑栄い塾は、各地に無数の根を張り、育っていくに違いない。

十、子ども貧困実態調査

『沖縄子ども白書』をまとめる

ぼくが沖縄を離れ、かつて住んでいた横浜に二〇一五年に戻ってから早くも五カ月近くがたつ。地域の方々と親しくなりたいと思って「長生会」という老人クラブにも入った。

懐かしい人とも久しぶりに会い、少しずつ慣れてきているのだが、沖縄のことも気になってならない。

辺野古の新基地をめぐっては、沖縄県と国の意向はハッキリと対立しており、国は代執行によって辺野古の埋立てと基地建設をやろうとしている。

一方沖縄県は、多くの県民の意志を受けとめた県知事によって、基地の建設のための埋立てを承認した前知事の考えを否定し、埋立てにも基地建設にも反対している。

これから、国と県の対立は司法の場で、裁判として争われることになる。しかも、この裁判の間も国の方針である埋立て工事は行われ、それに抗議する人々と排除する機動隊との攻防は毎日行われるという、胸の痛くなるような日々が続いている。

こうした沖縄と日本のこれからのあり方を問う基地建設の是非をめぐる問題の根っこに、沖縄の人々の生活権の問題があるというのがぼくにとっては気になることであった。

沖縄と日本本土との経済格差は戦後一貫して続いており、平均すれば日本本土の七〇％以下の生活が当然とされてきたのであった。

しかし、この厳しい現実の中で沖縄の人々は互いに支え合い、助け合って生き抜いてきた。模合《もあい》や結《ゆい》という相互扶助のネットワークで困難を乗り越えてきたのである。

しかし、戦後七十年の間に沖縄の生活文化も大きく変わり、第一次産業の農業、林業、漁業が減少し、第三次産業のサービス業が中心になってきた。また三世代同居がごく一般的であった人々の暮らしも、親と子どもだけの核家族中心となり、離島や北部から都市部へやってくる人が多くなり、人間関係も希薄になってきている。

かつては生まれてきた子どもたちは、地域社会全体の子どもとして村中で育ててきた文化も衰退し、それぞれの家庭が責任をもつ形へと変化をしている。

こうした状況の中で、大企業中心の就労になり、安定した職業に就ける人は少なくなり、多くの人は不安定な就労の中で生きていかねばならなくなった。

そうなると、不安定な経済生活の中で夫婦の関係もうまくいかなくなり、トラブルも多く、離婚する夫婦も多くなった。

沖縄は日本全体が少子化傾向の中で、子どもの出産が多い県なので、ひとり親家庭がその結果として多くなる。

中でも母親と子どもだけで暮らす「母子家庭」は多く、経済的にも精神的にも厳しい状況が生まれてきている。また、こうした家族や子どもたちを支援する社会保障制度も本土に比べて不充分であり、さまざまな情報が、こうした人々に届いていないという現状がある。

そのため、いくつもの仕事をかけ持ちで働く母親の多くは、子どもの養育にかける時間が中々持てず、子どもを家に置いて夜も働きに出なければならないという生活になってしまう。

家に取り残された子どもたちは淋しさもあり、深夜の街を徘徊し、補導されたり、そこで出会った年長の子どもたちに誘われて、反社会的な行為の仲間入りをしてしまうことになる。

ぼくが沖縄での生活を始めたのは二〇〇二年四月だが、この頃からこうした生活の苦しさのために、親が子に暴力をふるう事件や、子ども同士が対立し、争いになることが多くなった。

それまでには見られなかった「児童虐待」や子ども同士の暴力行為がよく起こるようになった。親による虐待死や、暴力による子どもの死亡事件もくり返され、沖縄の生活の土台が崩れ始めているのをぼくも感じていた。

この頃ぼくは、大学で子どもについての実習指導も行っており、児童施設へ実習に行く学生たちから子どもたちの暮らしが激しく壊れていることの報告を受けるようになっていた。

そこで、子どもたちの生活をつかむための研究会を始めることにし「沖縄子ども研究会」を発足させたのだった。定期的な研究会で、子どもたちの生育史や家庭環境、そして子どもたちの行動や言葉が報告され、子どもが育つ基盤である「家庭」や「地域」がその機能を果していないことが見えてきた。

こうした現実に気付き、地域や福祉施設、学童保育や教育の現場で子どもたちのために実践している方々とつながりたいと思い、「沖縄子ども研究会」を大学と学生だけの場から現場で関わっている方々に拡げ、県内の実践者に呼びかけ、子どもの実態を交流し学び合う研究会へと発展したのが二〇〇六年。

ぼくも県内の子どもたちの現場へ足を運び、多くの方々と話し合う中で、沖縄の子どもたちの実態を明らかにしたいと考え、一年近い歳月をかけて『沖縄子ども白書』（「沖縄子ども白書」編集委員会、ボーダーインク、二〇一〇年刊）を県内の方々と一緒に作成したのだった。そしてこの年、日本子どもを守る会の全国集会を沖縄で開催し、沖縄の子どもたちの実態と、その解決策について議論をすることになった。

学生も含め、この時に作成した『沖縄子ども白書』には一〇〇名以上の方々が参加した。

その後ぼくは、より実証的に現状を把握《はあく》するには、子どもの実態を調査する必要があると考えていた。そのためには沖縄県と協力して、子どもたちの生活実態をより具体的に明らかにし、そのための対策を立てるべきだと考えていた。

この時の子ども白書は、当時としてはこれが精一杯で、次のような内容になっている。

『沖縄子ども白書』目次

二、子どもと家庭
三、子どもと社会
四、子どもと遊び
五、子どもと健康・医療
六、子どもと教育
七、子どもと基地

例えばこの中の「子どもと家庭」の中では次のような文章がある。

「沖縄県においては、二〇〇七年度における離婚率は全国一位となっており、それに伴うひとり親世帯の数も年々増加している。二〇〇八年度〈ひとり親世帯実態報告書〉によれば、現在の母子家庭数は二万六八四世帯であり、その出現数は五・二〇%である。……以上の数値から、沖縄県は全国一ひとり親世帯の占める割合は高いといえよう」「とくに沖縄県では若年出産や母子家庭の低所得者層の支援機関等の利用頻度をより容易にするための支援・配慮が必要になってくると考えられる」

このような提言はできたのだが、その本質を掘り下げ、沖縄県の生活実態を向上させるため具体的な提案が出来なかったという思いが残った。

アンケート調査から見えたもの

二〇一〇年に刊行した『沖縄子ども白書』は、沖縄の子どもたち、そして子どもを支える家庭や地域社会の全体像を示す大きな成果は上げたのだが、行政（沖縄県と市町村）と市民、民間団体が一つになって、生活の安定をつくり出していくことにはならなかった。

そのためには、県が中心になって子どもたちの実態調査に本格的に取り組み、そこから見えてきた現実と向かい合い、子どもたちが安心して育っていける社会をつくり上げねばならない、そう考えていたのだが、二〇一〇年の四月から、ぼくは沖縄大学の学長になってしまうことになった。

二〇〇〇人を超える学生を抱える大学の運営管理をする仕事は、ぼくにとっては初めての体験で、休まるヒマがなかった。

就任して二カ月目の六月には過労とストレスで突発性難聴になり一週間余りの入院もしてしまい、沖縄県内の子どもたちについての調査や対応には中々手が廻らなかった。

それでも毎月一回は「子ども研究会」の定例会を続け、年に一回の総会も行ってきた。

その中で、子どもの貧困の実態を明確にし、貧困状況をなくしていくことが大切ではないかという結論になった。

子どもの貧困を測る指標ではイギリスのトニー・ブレア元首相（労働党）の相対的貧困率の考え方がよく知られている。

ブレア首相は一九九九年に、子どもの貧困を二〇二〇年までになくすと宣言した。

そして二〇一〇年には「子どもの貧困法」が成立し、調査と貧困をなくす対策が行われている。

貧困には絶対的貧困と相対的貧困があり、絶対的貧困は、いま現在、このままでは生きていくことが出来ないという状況である。

それに対して相対的貧困とは一般の人々と同程度の生活が行えない状態におかれていることを示すもの。世帯内のすべての人の所得を合算した「世帯所得」を世帯人数で調整した「等価世帯所得の社会全体の中央値（平均所得）」の半分（五〇％）以下を基準としている。

つまり、国民の平均所得の半分以下の収入で生活している人を相対的貧困というのである。

二〇一二年でいえば、この年の国民の等価世帯所得の中央値は二四四万円であった。

したがって、年収が一二二万円以下で暮らしている人がどの位いるかということを示すのが、相対的貧困率ということになる。

そして、この年（二〇一二年）の貧困率は一六・一％と発表されたのである。

同時に発表された子どもの貧困率は一六・三％。

つまり、日本の子どもの相対的貧困率は、六人に一人であるという驚くべき数字が示されたのである。一般の人々と同じ程度の生活が出来ないという子どもが六人に一人というのは、多くの人々にとってショックではあったけれど、周りを見廻してみると、子どもたちは元気に走り廻っているし、学校にも行っている。

貧困という数字と、現実とが重なってこないという実感もあったと思われる。

その頃、沖縄の新聞社が毎日子どもと接している先生方にアンケートを取り、その結果を発表した。その結果から見ると、「給食以外の食事を十分とれていない子がいる」と答えた教師は四四・四％もいたのである。

同様に「病気やけがでも病院に行けない子がいる」（三一・一％）、「給食費が払えない子がいる」

（六三・一％）、「夜、子どもだけで過ごしている子どもがいる」（五六％）、「育児放棄と思われる家庭がある」（三九％）、「家庭・経済状況が厳しい子どもが増えたと感じる」（八三％）、「親の経済状況が子どもの成長に影響していると感じる」（八七・一％）。

さらに自由記述の中には「家がなく、車で生活している子がいた」「土、日になるとほとんど食事がなく、万引きして食べていた子がいた」「家庭に子どもたちの健康にかけるお金がない。就学援助を受けている子のうち虫歯が治った生徒は一割ぐらい。手作りのご飯を食べさせてもらえず、菓子パンなど食べ続けているため、肥満になる子もいる」「高熱やおたふくかぜでも病院に行けず、二週間以上休んだ子がいた」「制服が準備できず、登校できなかった子がいた」「カッパや傘がなく、雨天時は無断欠席をする子がいる」「親が夜の仕事で子どもたちは深夜徘徊。家に訪問しても、親と生徒が昼間一緒に寝ている」「衣服がいつも汚れていて、入浴せずに登校している」。

この調査で日常子どもに接している先生方には子どもの貧困の実態が見えていたということもよくわかった。

アンケートを行った沖縄タイムスの記者は、そのまとめにこう書いていた。

「子どもの貧困は現在だけでなく、将来をも脅かす。

今回のアンケートでも〈食事が十分にとれない〉〈病院に行けない〉〈親と一緒に過ごせない〉〈学用品が足りない〉など体と心、学びなどさまざまな場面で貧困を背景に、成長・発達の機会を狭められている子どもがおり、貧困が連鎖していく恐れを示している」（『沖縄・戦後子ども生活史』野本三吉著、現代書館、二〇一〇年）

この頃、ぼくらは「セーブ・ザ・チルドレン」という世界各地で子どもの貧困支援をしている国際組織の方々と、沖縄の子どもたちの「貧困のイメージ」についての子どもへのインタビューも行った。

この時も、地元の沖縄タイムスに協力をいただき学生や、実践家の方々と子どもへのインタビュー調査を行った。

小中高校生を対象に、少人数でジックリ時間をとり子どもたちの気持ちや思いを聴くことになったのだが、子どもたちが実に貧困の実態を捉えているのに驚いた。

まず、どんな状況を貧困と捉えているのかを聴くと、学校では「給食費や学級費、ＰＴＡ代や遠足代などの費用が払えない」に集中する。

地域では、お金がないので「一緒に買いものができず、友だちもいなくなり、ヒマでやることがなくなる」という。そして家では「いつも親もいないので、子どもだけ、あるいは一人ぼっちでお腹をすかしている」というのだ。

その結果、どんなことが起こっているかというと「いつも叱られ、バカにされ、人に気をつかっているのにいじめられ、学校も勉強も楽しくない。人とも関わりたくなくなるし、不安で悲しく寂しい」ということになる。

したがって、気持ちはいつのまにか「引っこみ思案になり、すぐあきらめてしまい、毎日がつまらない。そして常に空腹、お腹がすいている。こんな状態だったら将来、高校にも専門学校にも行けず仕事につけないかもしれないと思ってしまう。いつのまにか閉じこもってしまい、孤独になってポツンとしている。楽しそうにしている人を見ると頭にきて反抗したくなったりする」

こうした貧困の全体のイメージを多くの子どもたちが持っており、現実を見ていることがわかった。そして最後には、「生まれてこなけりゃよかったと思っちゃいますよ」という言葉にもつながってきた。

将来を担う子どもたちにとって、貧困という現実は未来そのものをも奪ってしまう現実なのだということがこのインタビューでハッキリしたのも事実である。

始まってきた子ども支援の輪

二〇一三年、国は「子どもの貧困対策の推進に関する法律」を制定。

非正規雇用者は全国民の四八％にもなるという状況になり、若い世代の結婚も減少し、子どもの出産、育児にも不安が伴う中、国も子どもの貧困対策に関わらざるをえなくなったのだと思う。

また「生活困窮者自立支援法」も、二〇一五年四月より施行され、貧困問題、生活困窮問題は、国としても見過ごすことのできない課題になった。

子どもの貧困対策の推進に関する法律の第二条、基本理念にはこう書かれている。

「子どもの貧困対策は、子ども等に対する教育の支援、生活の支援、就労の支援、経済的支援等の施策を、子どもの将来がその生まれ育った環境によって左右されることのない社会を実現することを旨として講ずることにより、推進されなければならない」

さらに第十四条には「調査研究」についての文章がある。

「国及び地方公共団体は、子どもの貧困対策を適正に策定し、及び実施するため、子どもの貧困に関する調査及び研究その他の必要な施策を講ずるものとする」

ありがたいことに、貧困対策の前提として実態調査を行うことの必要性が書かれている。

しかし、実際には「子どもの貧困調査」の実施には、その内容も含め難しい問題があり、中々その実施には踏み込めない自治体が多い。

そんな中で、沖縄県では「子ども貧困調査」を実施すると県議会で答弁したのが昨年（二〇一四年）のこと。

そして今年に入り、調査を行う事業者の公募が行われた。

昨年、ぼくらは一般社団法人「沖縄県子ども総合研究所」を設立しており、ぼくも研究所の一員として参加していたのだが、この調査の実施を引き受けたいと思い応募したのであった。

県内ではよく知られている調査機関や企画専門の会社からも応募があり、無理かなと思っていたのだが、最終面接に残り、今年の四月に正式にぼくらの研究所がこの調査を引き受けることになった。

その当時の新聞報道にはこう書かれている。

「県が子どもの貧困に関する初の実態調査を二〇一五年度に実施することが分かった。

統計データや報告書などを集めて分析する他、アンケートも予定、貧困が連鎖している状況などを調べる予定だ。二〇一五年度中に策定する子どもの貧困対策計画に反映させる。

県によると、都道府県の調査は全国でも先駆的という。財源は国の少子化対策に関する交付金を申請している」

ぼくは今年（二〇一五年）の四月には横浜に戻る予定であったが、県の担当部局との打ち合わせや内容、計画のすり合わせなどがあり、骨格の決まる六月末までは沖縄を離れられなかった。

また、山野良一さん（千葉明徳短期大学）や湯澤直美さん（立教大学）、小西祐馬さん（長崎大学）、中村強士さん（日本福祉大学）、吉葉研司さん（名古屋学芸大学）、阿部彩さん（首都大学東京）、さらに三輪ほう子さん（「なくそう！　子どもの貧困」全国ネットワーク共同代表）にも協力をいただき、連絡をとりながら調査の方法と、調査内容の作成に当たってきた。そして、ぼくも何度も沖縄と往復しつつ、まとめに向けて動いてきたのだが、ようやく九月には調査の内容がまとまった。

当時の新聞にはこう書かれている。

「県内の子どもの貧困実態調査に関する初の調査で、県が児童・生徒と保護者の計一万二五〇〇人へのアンケートを今月（九月）始めることが分かった。調査票を学校を通して配布する。

子どもには将来の夢や勉強、食事などを質問。保護者には就労状況や地域や友人との関係、所得などを尋ね、家庭環境が子どもの生活や成長に与える影響の把握につなげる考えだ。

児童生徒のアンケートは小学五年生と中学二年生が対象で、各二五〇〇人ずつの計五千人。保護者は、この二つの学年に小学一年生の親を加えた計七五〇〇人」（『沖縄タイムス』二〇一五・九・四）

アンケート調査は、北部、中部、南部、宮古、八重山の五つの圏域で行われ、この十月末でほぼ回収が出来た。

ぼくは十一月に入り、約一週間沖縄へ行ったのだが、その時は膨大な回収されたアンケートの集計中であった。回答項目はたくさんあるのに、調査の主管課が沖縄県青少年・子ども家庭課であり、教育委員会が配布してくれたこともあり、回収率は七〇%を超えていた。とりあえず単純集計をすることから始めるのだが、その分析にはかなりの時間がかかる。

また、このアンケート項目は、子どもの貧困に関わる研究者の総力をあげたものなので、多少の修正を加えて、全国的な規模で実施することも可能だと考えている。

十二月には、まとめをするように沖縄県からは指示を受けているので、ぼくは再び沖縄へ行くことになっているのだが、これまで長い間かけてきて実現させたいと思ってきた「子どもの貧困実態調査」なので何とか、そのまとめまで関わりたいと思っている。

この間、沖縄市では「子ども食堂」がスタートした。まだ回数は少ないが、安心して食べられる「子ども食堂」の開店は、親にも子どもにも待たれていたものであった。

多くの市民が参加し、食材を集め調理し、子どもの居場所づくりを進めている。

また、糸満市で始まった子育て応援隊「いっぽの会」が、今年で五周年を迎える。

地域の子どもや子育てに悩んでいる親を支える機関として、地域の人々の支援も受け、若年で出産した少女も、無事に結婚し、子どもを保育園にあずけ、働くこともできるようになった。

準備から設立まで、ぼくも関わっていたので十二月十二日の五周年の総会には参加したいと思っている。

もう一つは、沖縄弁護士会の子どもの人権委員会のメンバーが「子どもシェルター」を開設することになり、NPO法人の申請をして、いよいよ来年四月には開所することになった。

十五歳から十九歳までの少女を対象にしてスタートするのだが、そのシェルターを支える人々のための研修会があり、ぼくも参加した。

弁護士会館の大会議室にあふれるばかりの人々が集まり、家にいることのできない少女たちのための居場所づくりに協力したいと集まっていた。

さらに、九州と沖縄とで協力して行ってきた「九州・沖縄子ども支援ネットワーク交流学習会」の第九回の学習会も今回沖縄大学で開かれた。

地域で子どもを支え、支援していくうねりのようなものが沖縄でハッキリと形をつくり始めている。辺野古の基地をつくらせたくないという県民の思いは、自分たちの子どもたちが安心して暮らせる社会をつくろうという思いともつながっているようにぼくには思える。

年を越えて来年の春までは、沖縄と横浜を行ったり来たりするかもしれないが、少しずつ横浜の地で、地域から始まる支え合いの動き、共に安心して生きる場〈暮らし〉づくりをしたいと思っている。

子ども時代を過ごした地域に戻ってきて、今は老人クラブの一員として何ができるかなと、楽しみながら新年を迎えたいと思っている。

十一、「老い」の再発見と地域

人生のライフサイクル

新しい年、二〇一六年が始まった。

これまでの十三年間は沖縄で暮らしていたのでユックリと落ちついた気分で新年を横浜の自宅で迎えることができなかった。

けれども今年は、暮らしの場も落ち着き、部屋も片付いたのでコタツを出し、その上に正月料理を並べることもできた。

午前中から昼にかけては、ぼくの親族と孫たちが集まり、孫たちにはうれしいお年玉が手渡された。今年中学三年生になり高校受験を迎える多美は、ホオを染めながら「希望する高校に入れるようにがんばります」と宣言した。今年中学に入学する彩《あや》は、少し不安も感じているようだが笑顔で「今年は中学生になりまーす」とVサイン。

それに比べると、男の子たちは毎日が楽しいようで、プレゼントにもらったウルトラマンの人形を握りしめていた。

その日の夕方から夜にかけては妻の親族と孫たちの集まりがあり、子どもたちは二度もお年玉をもらえる幸運な日であった。

ここでは絵本や雑誌が多く、さっそく読みふけっていたが、過ぎてしまうと一日は速かった。二つの新年会が終わり、帰宅したぼくは自室で、過ぎ去った昨年のことを思い出し、これから始まる新しい年の一年を考えながらノートをとっていた。

今年はいよいよぼくも七十五歳になる。

人生の流れからいえば「後期高齢者」ということになる。年寄りとか高齢者、そして何より老人と言われると中々実感がわかないが、七十代の半ばを超えたことは間違いない。

一般的に言えば、人は子どもとして生まれ成長し、青年期を迎え、働き、異性と出会って結婚し家庭を持つ。

そこから家族のライフサイクルがスタートするのだが、最初は夫婦二人の暮らしである。それまで異なった人生と経験を積んできた二人が、家庭という場で互いの人生を重ね合わせ交流しながら、二人の人生を設計し作りあげていく。

そしてやがて妊娠し子どもが産まれる。

今まで夫婦二人だけであった生活は、子どもが中心の生活スタイルに変わってくる。

子どもに合わせて夫婦は父と母になり、子育てを軸に暮らしが展開していく。

子どもが二人三人と産まれれば、子どもに振り回されるような生活になっていく。

二人だけで外出することも旅行することもできなくなる。もし子どもが病気になったりケガでもしたら、多くのエネルギーは子どもに注がれることになり、夫婦だけの会話もままならなくなる。

やがて子どもたちは成長し思春期に入る。

それまで親に頼っていた子どもたちは、自分なりの考え方や意見を持つようになり、時として親と対立することも多くなる。

やがて子どもたちは親とは別の生き方や人生を求めて自立し、独立していくようになる。こうした子どもの自立は、親自身も経験してきた一つのライフスタイルである。

上級学校に上がると子どもたちは青年になり、下宿したり寮に入って別に住むようになる。そして社会人になると、自宅を出てアパートや社員寮などに入居し、自分たちなりの生活スタイルをつくっていく。

それでも下の子がいるうちは、その子が家を出ていくまでは親子生活は続いていく。

この時期、つまり子どもの思春期は、子どもも不安定になるが、夫婦の間でも亀裂が生まれ中年期危機が訪れる。

父も母も一人の人間として、このままの人生でよいのだろうか、もっと違った人生を生きるべきではないのかという悩みも生まれ、夫婦間の価値観の違いもハッキリしてきたりする。そしてもう一つは、夫婦のそれぞれの親が高齢となり、身体が不自由になったり、病気やトラブルが重なって介護や世話が必要になってくる時期でもある。

しかし、それでも何とか乗り越えていくと、子どもたちがそれぞれに人生の伴侶を見つけて家庭を持つことになる。

子どもたちの家族が近くにいれば時々会ったりして関係は保たれていくが、もし子どもたちが遠くに離れて行ったり、海外で暮らすようになると会うことは難しくなる。

こうして家族のライフサイクルは、かつての求心力が弱まり、遠心力が拡大し再び夫婦だけの暮らしが始まっていく。

こうして長い人生を共にして二人が支え合い励まし合って生きてきたとすれば、この時期は第二の新婚生活となるはずである。

それぞれが忙しくてできなかったことがやれるようになり、二人だけの生活を楽しむこともできる。そして夫婦それぞれの両親を一人ひとり見送っていくこともできる。

こうして、ライフサイクルは最終段階を迎え、夫も妻もそれまでやってきた社会的な仕事を終える時期となるのである。

それが定年退職である。六十歳または六十五歳での定年が一般的であるが、その後は年金で暮らすというのが一般的なスタイルになる。

そして七十歳を超えると、人によって差はあるが体力も弱まり、故障もでてくる。

あるいは夫婦のどちらかが病気になったり、身体が不自由になることがある。

いわば高齢者が高齢者を介護するという生活になるのである。

さらに夫婦のどちらかが亡くなるということもありうる。そうなると人生は家庭をもつ以前の一人の生活へと戻ってしまうことになる。

こうして高齢者の独居生活が始まる。

子どもたちも離れており、身寄りのない中での一人暮らしは、近隣とのよほど親しい関係がない限り孤独なものになってしまう。

昨年、ぼくは小学校時代の仲間たちと出会いクラス会を開いたのだが、その時に感じたのが、この高齢者の孤独のわびしさであった。連れ合いを亡くして、その悲しみから立ち直れない友人もいた。また一人で家事をやり病院通いをしている男性もいた。さらに脳梗塞で不自由な生活をしている仲間もいた。そしていつかは、しかもそう遠くない先には死ぬことも考えねばならないと感じていると語る友人もいた。

ぼくはそんなかつてのクラス仲間の自分史をジックリと聴きたいと思った。

そんな中で、ぼくの住んでいる田谷町の老人クラブ「長生会」にも参加した。

毎月定例会がありぼくも参加しているのだが参加者は少ない。老人クラブという名称がイヤだという人もいるし、まだまだ個人でも自由にやりたいことがやれるので、わざわざ参加しなくてもよいという人もいる。

老人クラブの活動は、カラオケ、ゲートボール、食事会、旅行会が一般的だが、ぼくは一人ひとりの自分史、人生史を聴きたいと思っている。かけがえのない経験史が、ぼくらの大切な宝のような気がするのだ。

高齢者の暮らしと、交通費

年寄り、高齢者、老人というとどうしても現役を引退するというイメージがある。

これからは余生を生きるとか、隠居するという印象が強い。

隠居というスタイルは武士社会から定着したと言われている。そしてこうした印象は雇用制度の中から生まれたとも言われている。

退職という制度は、世代替わり、役割の終了という意味でもある。

その退職と年齢制限がつながって「定年」という枠組みもでき上がってきた。

しかし、かつてはこうした定年のない仕事が数多くあり、むしろ主流であった。

第一次産業、特に農業や漁業が中心の日本社会では、農民や漁民は動けなくなるまで働くのが当然であった。

山林の多い日本では林業も同じであった。

さらに、日本には職人の世界がある。

織物、料理、工芸、大工、修理など生活の必需品の多くは職人によって作られ、その修理も職人によって行われていた。

その意味では日本の庶民の暮らしには定年はなかった。生涯現役だったのである。

企業が誕生し、雇用されるようになると、生産性や効率を上げるため、たえずフレッシュな労働力が求められるようになり、一定の年齢で交代するのが経営者とすれば合理的であったのだと考えられる。

　ぼくらの親で考えると、ぼくの父は技術系で東芝に勤め、五十五歳で定年となった。その後、父のもっている技術を活用してくれる子会社に採用され七十歳まで働いた。

　妻の父は国家公務員で五十五歳まで働き、つながりのあった系列の会社に勤め、六十五歳で亡くなるまで勤めていた。

　どちらも定年で退職はしたが、いわば職人的な仕事の残っていた中小の会社でその役割を果たしてきたといえる。

　母はどちらも主婦として家で家事や子育てに従事していたが、女性の場合には定年とか退職とは無縁であった。

　妻の母親は夫の死後、約二十年間生きていたが、生涯元気で趣味の陶芸、人形づくりなども始め、むしろ生き生きしていた。

　ぼくの母は、六十九歳で亡くなり、残された父とぼくらは一緒に暮らしたが、地域の自治会の仕事をしていた。

　ぼくと弟は、どちらも地方公務員（横浜市）だったが、やめた後、弟は鍼灸師となり、夫婦で同じ仕事をしている。

　そしてぼくらの子どもたちは三人とも勤め人ではなく自営業として職人の道を選んだ。

　長男は篆刻《てんこく》家となり、北鎌倉で「篆助《てんすけ》」という店をやっている。次男は東京の旗の台でラーメン店

「ぶらいとん」を営み、料理人となった。娘夫婦は鍼灸師で、その仕事をしている。三人とも雇用されるのではなく自営の世界で生きているが、これは考えてみると日本人としては一般的なのかもしれない。

ぼくは昨年七月に横浜に戻り、これからは父と同じく地域のことをやっていきたいと思っているが、身分としては退職者である。

そうすると一般的には、学校や企業をやめたと同じで、家にいるしかない。

外出するとなると交通費がかなり高い。

どうしても家にこもる傾向になってしまう。

ところが横浜市には「横浜市敬老特別乗車証（敬老パス）」という制度がある。

七十歳以上の高齢者に敬老パスを交付するという制度である。敬老パスを提示することで市営バス、民営バス、市営地下鉄、金沢シーサイドライン（モノレール）が利用できるというものである。

但し交付には所得に応じた負担が必要とされている。

まず前年度の市民税が非課税の場合、年間負担額は三二〇〇円～四〇〇〇円。

市民税が課税されている場合、前年度分の合計所得額が一五〇万円未満だと年間、七〇〇〇円。一五〇万円以上二五〇万円未満は八〇〇〇円。二五〇万円以上五〇〇万円未満は九〇〇〇円。五〇〇万円以上七〇〇万円未満は一万円。そして七〇〇万円以上は二〇五〇〇円。

そして無料で交付を受けられる人は次の要件に該当する人。

•横浜市の介護保険料について低所得者減免を受けている •身体障害者手帳一級～四級を所持して

いる・精神障害者保健福祉手帳を保持している・愛の手帳A一～B二を所持している又は知能指数が七五以下である・横浜市在日外国人高齢者等福祉給付金を受給し、かつ世帯全員が非課税である・老齢福祉年金を受給し、かつ世帯全員が非課税である・中国残留邦人等の円滑な帰国の促進及び永住帰国後の自立の支援に関する法律による支援給付を受けている世帯に属している・横浜市の母子生活支援施設に入所している・被爆者健康手帳、戦傷病者手帳いずれか所持している

ぼくの住んでいる田谷という町は山と田に囲まれたところで、近くには店も郵便局も病院もない。何か用事があれば近くの街まで出掛けなければならないのだが、歩けば片道一時間はかかってしまう。買物をすれば重い荷物を持つのでどうしてもバスや電車が必要になる。

ぼくの家の近くのバス停から大船駅、戸塚駅に出るにはバス代が片道二〇〇円。そして大船駅（戸塚駅）から横浜へ出るのに電車賃は片道約三〇〇円。往復すれば千円はかかってしまう。

そこで妻と一緒に、この敬老パスの交付を受けることにした。ぼくは九〇〇〇円。けれども年間なので本当に助かる。

時間はかかるが、このパス券を持ってぼくは市営地下鉄でよく横浜へ行く。朝夕は通勤通学者でバスも地下鉄も混むのは当然だが、昼でもバスは満員。しかも乗る人は高齢者が多い。杖をついたり、荷物をくくりつけてユックリと乗ってくる。混んでいる時は座れないのだが、座席もゆずり合い、声をかけ合っている姿が見られる。

沖縄では鉄道がなく、車社会なのだがバスに乗るのも大変で、もしこの制度が沖縄でも適用された

ら助かる人は多いのではないかと思った。ぼくはとてもうれしくて、この敬老パスの話をよくするのだが、神奈川県内の人も羨ましそうに聴いている。

市営のバス、地下鉄などがないところが多いので利用できないのが現実だと思うのだが、バスだけでも、協力してこの制度ができると、高齢者の外出はふえるのではないかという気がする。

この制度の目的にはこう書かれている。「高齢者が気軽に外出し、地域社会との交流を深め、豊かで充実した生きがいのある生活が送れることを目的としています。趣味などの楽しみ、友人との交流、ボランティア活動など、様々なことにご利用いただき、活動の幅を広げてください。」

二〇五〇年、高齢社会のイメージ

年をとる、老いるということを今のぼくの実感から言うと、「自由になれたなァ」ということになる。子どもの頃、あるいは青年の時には人生に夢があった。こんな生き方、暮らしがしたいという願いがあった。その夢や希望はつきつめてみると自由になりたいということであったような気がする。

森の中を自由に歩いたり、絵を描いたり、旅をしたり、好きな人と自由に語り合ったりしたいという夢があった。

それが現実的な生き方と重なってくると、具体的な職業をもつことに収斂《しゅうれん》してきてしまった。ぼくら戦後に育った人間にとっては、それが就職すること、雇用されることになっていったような気がする。

企業だろうと公務員だろうとどこかに所属し、その団体、組織、会社に雇用されなければ一人前ではない、あるいは生きていくことはできないと思わされて成長した。

高度経済成長と資本主義の高揚期の中で、ぼくらの世代は利益追求の企業で働くのは嫌だと考え、公務員や社会福祉の現場、あるいは自由業を選び、その後の人生を送ってきた。

しかし結局はどこかに就職し、そこで雇われ一定の年齢になると退職するというシステムからは自由になれなかった。

そして今、老いることは現実の社会からは引退することであり、静かに余生を送るという選択をさせられている。

しかし、民俗学的には「老い（る）」ということの意味は「追い（追加する）」という意味で、さまざまな経験や技術、つまり生きていく知恵を獲得し、つけ加え豊かになることだと言われている。

歴史はさまざまなことをくり返して展開されるので、地震や津波でさえどこが安全だったかという事実や記憶は貴重な体験である。

ところが近代社会は、技術革新の時代となり、せっかく覚えたり身につけた技術や知識がドンドンと古くなり、次々と新しいものが生まれてくる。ワープロはアッという間に古くなりパソコンに変わり、スマートホンへと素早く変化していく。

こうした時代の変化は、生活の体験や知恵といった内在化した文化や歴史を次々と切り捨ててしまう。したがって文化や暮らしの経験や知恵も見捨てられ、老いの価値も放棄されていくことになる。

老いの豊かさと、暮らしの文化が日常生活の中から消し去られようとしているのが現実の社会なのかもしれないと思えてくる。

ぼくは仕事をやめ退職し、どこかで人間として生きる権利を獲得したような自由さを感じている。自分のもっている、知恵や経験、技術を自由に駆使して生きていけるなァと実感している。

快い解放感があるのは確かだ。

それは、生産性や効率性から見る社会像ではなく、人間（生きもの）の視点から暮らしや生活を見ていくということになる。

人間は、子ども時代を経て、老い、病気になり、障がいをもつ。あるいは経験していく。

それがあたり前の人生なのだと見る視点を手に入れ、結局は一人ひとりの人生は有限だが、人間は生き続けていく、あるいは生命（生きもの）は死ぬことはなく永続していくものであるという生命観を獲得していく。

こうした歴史観、生命観を老いの中でぼくら高齢者は蓄積していくのだという気がする。

生活協同組合で、今から三十五年後の二〇五〇年をさまざまな角度から研究し、一つの社会像を浮かび上がらせる「研究会」が二年前につくられ、その報告がまとまった（『2050年超高齢社会のコミュニティ構想』若林靖永・樋口恵子編、岩波書店）。

二〇五〇年の総人口は一億人を割り込み、九七〇八万人。七十歳以上の高齢者が三二%、実に三人に一人という超高齢社会。

そして四世帯に一世帯が六十五歳以上のおひとりさま世帯（二三%）になる。

一方では大介護の時代と言われているのだが、七十〜八十四歳の元気な高齢者・自立して生活できる高齢者は少なくとも一八〇〇万人（総人口の一九％）を数える。

七十歳代に限れば圧倒的多数（九〇％）が元気で自立し生活できる高齢者であり、二〇五〇年の地域コミュニティを支える中核的年齢層になるという。

そこでこの研究会は次のような提言をするのである。

「すべての小学校区、元気な高齢者そして〈集いの館〉。この三つが提言〈二〇五〇年、超高齢社会のコミュニティ構想〉の柱である。

全国一万五〇〇〇の小学校区のすべてに、元気な高齢者が運営主体となる、九〇坪の〈集いの館〉を展開する。〈集いの館〉はその日の食べ物と日用医薬品を提供するコンビニ業態の三〇坪の〈お店〉。ワンストップであらゆる暮らしに関わる相談に応じる〈よろず相談デスク〉、ゼロ歳児から白寿者まで老若男女だれでも気軽に立ち寄り、触れ合い、支え、支えられ、のんびりと過ごすことのできる〈フリースペース〉六〇坪で構成される。〈集いの館〉は血縁ではなく地域の結縁で生まれる〈地縁〉家族の家でありプラットホームである。

元気な高齢者がチームを組んでお店を運営し、あらゆる暮らしの相談に応じ、日常生活上でサポートを必要とする高齢者、子育てファミリー、幼児、学童を支える。

それが〈集いの館〉のビジネスモデルと組織モデルの核心だ」

この提言を読んでぼくの心は踊った。

家族像は現在大きく変容し、家族だけで介護することは難しく、元気な高齢者も一方では多くいて、その交流も進まない中で、歩ける距離のところにこうした「集いの館」があれば安心である。

政治や経済がどうであれ、地域社会をどうするかという課題は、地域に暮らす人間にとっては大きな問題である。

仕事や学校を除くと、ほとんどの暮らしの場は地域の中で行われており、特に子どもと高齢者にとっては、ほとんどが地域によって行われている。

しかも二〇五〇年は三十五年後、今三十五歳の人にとっても現実的な課題となる。

特に二〇五〇年には若年層も含めて単身世帯は四二%にもなるという予想の中で、今からこうしたコミュニティ構想を実現したいなァとぼくは考えている。「老い」は今、もう一度再評価され発見し直す必要があるとぼくは思う。

そのためにも一人ひとりの「自分史」をふり返り、自分自身の経験を整理し、交流させながら、老いの知恵を生き生きと蘇らせたいと思っている。

十二、社会的繋がりの再構築

忘れられた町、放置された町

いよいよ戦後七十一年目に当たる二〇一六年が始まった。

この十数年の間、ぼくは沖縄に住んでいたのでユックリと家族と一緒になって正月を迎えることができなかった。

しかし、今年は暮れから田谷の家にいることになったので正月明けの三日間は家にいることができ、新年を家族と共に過ごすことができた。コタツを設置し、その上に正月料理を並べ、弟夫婦と三人の子どもたちの家族と集まり、話し合うことができた。

やはり子どもたちにとって、親のいる家は一つの港のようなものであり、ユックリと休みくつろげる場なのだと思う。

長男一家はぼくらの家の二階に住み、二世帯同居となったのでいつでも会えるが、次男は東京でラーメン店を経営しているため中々来られず、今年は一月一日の夜は泊まっていった。久しぶりにこれまでのこと、これからのことをコタツに入りながら朝方まで話し込むことができた。

また一月四日には娘が三人の孫を連れてやってきて泊まっていった。

娘の夫は鍼灸師で仕事は忙しく、出張もあり、この日は関西へ夫が出かけて留守でもあったのでわが家にやってきたのだが、三人の男の子たちは家の中を走り廻り、入浴後は疲れてグッスリと眠ってしまった。

そのため娘とは子どもたちが眠った後、いろいろと話すことができた。

本当は親がドッシリと腰を落ち付けて実家にいて、子どもたちがいつでもやってくれば、受け入れてやらねばいけなかったのだが、これからはこうした時間もとれそうだ。

また若い頃には関心をもってよく参加していた地域の行事や町内会の集まりにも少しずつ参加できるようになった。

まず最初に参加したのが町内の老人クラブ「長生会」。六十歳以上が参加できるので対象者は多いはずだが、近年はほかにもそれぞれに自由に参加できるチャンスもあり、参加者は少ない。しかも六〇代はほとんど参加せず、ぼくや弟が若手に数えられてしまうほどだ。

八十代が中心で九十歳代でも元気な方が参加している。毎月の定例会には参加しているのだが、いつも一〇人程度。

盆踊りや新年会にはたくさんの方が参加するというので今年の新年会に参加することにした。会費は千円。役員の方々がお弁当や果物、お菓子、お茶などを用意し、広間をコの字型にテーブルで囲み準備が整った。

司会をしているのは、元小学校の先生であった八五歳の女性。前の老人クラブの会長さんで今は副会長さん。郷土史が好きで郷土研究会などもやっている方。

まず来賓として参加した田谷町内会の会長さんの挨拶。

会長さんは、六十代で実業家の方。

以前は文化体育部の部長さんをやっていて体力には自信のある方。

続いて、この地域を選挙母体としている保守系の横浜市会議員の方（女性）の挨拶。

父親の後を継いだ人で、地域とのなじみは深い。祖父はこの地域の小学校の校長であったという。九十代の何人かが「オレが小学校の時の校長先生だったヨ」と話す。

かつてぼくらの村、田谷は戸塚区に属していた。しかし人口が多くなり三つに分割されて、泉区、戸塚区、栄区になり田谷町は栄区に配置された。しかし栄区は鎌倉市や金沢区に近く、東海道の大船駅、本郷台駅がその中心になる。

こうした駅から遠い田谷町は区役所や商店街へ行くのも不便。

歩けば一時間近くもかかり、どうしてもバスに頼らざるをえない。

田谷の地域には商店も郵便局もなく、足の不自由な高齢者は、区役所や病院、買物に行くのも大変な思いをしている。

大船駅や本郷台駅の周辺はドンドンと開発が進んでいる。市会議員の女性はそのために活動していると力説して話す。

すると年配のオジさんがつぶやく。「田谷はヨー、横浜のチベットだからよ。何にもねーよ。昔は循環バスあったろ、今はそれもネーから役所に行くのも難しいヨ。一日がかりだもンナ。病院行くんだって大変なことだぜ。議員さんよろしく頼むよ」

かつては、役所と田谷を往復するバスがあったことはぼくも知っている。

どうして無くなったのかを聞いてみると「あの頃、土地が売れたりして景気のよかった人がいてヨ、自動車で行くからバスはいらねーヨなんて言った人がいるんだヨ」ということ。

ところが今は、もう運転するのが困難になった高齢者が多い。「もう一回、循環バス走らせてくれないかねェ」という声があがる。「そんな問題は町内会で話し合って、行政に要望したらどうですか」と市会議員が声をかける。

「私たち田谷町は本当は戸塚区の方が近いんですよ。区役所だって栄区の方が遠いし、もう一度戸塚区に戻してくれませんか」

「田谷には老人福祉センターもありませんよ。ずっと遠くにしかないでしょ。栄区ができてから今年は四十年でしょ。その間、私たちの田谷はずっと忘れられてるんですよ。わかって下さいよ」

高齢になれば、移動することも難しくなり、身近なところに利用できる施設や居場所がほしいと思うのは当然のこと。

田谷という土地は、二つの行政区の谷間に入ってしまい、中々活用できていない。

その不満がその日、議員さんや町内会長に噴出したように思えた。

この日、議員さんが退席した後も、議論は活発に展開した。

そして年輩の方から以前の田谷の歴史についての話も出されてきた。

それによるとＪＲの東海道線を、現代の田谷町を通し、駅を作るという計画もあったのだという。しかし政治的な力量もなかったので川向こうの方に鉄道が通ることになり、駅もかなり離れたところに造られてしまったという。

さらに郵便局を設置する話もあったが、土地を提供する人がいなかったという。

その結果、田谷には広大な田園が残り、田園地帯となったのだが、そこに今回は横浜環状道路南線が通ることになり、この広大な田園をそっくりインタージャンクションにしてしまうということになってしまった。

話を聞いてみると、田谷は住民の意志を無視して利用され、放置されてきたのだという気がしてきた。新年会に噴出した思いを受けとめ共有しつつ、町内の合意をまとめたいなと思った。

「お互いさま」の地域づくり

その日の長生会は、その後、カラオケ大会となり、その周辺のテーブルで年輩の方々からジックリと話を伺うことができた。

その中で、田谷の田園地帯が四十余年前にＳ電工やＭ電気、Ｎレンズなどの大企業に買われて大きなビルがつくられた頃の話があった。

この時期に田園の多くが開発されたのだが地元の人々がその工場の工員として採用され仕事をしてきている。

そこでどのような労働が行われていたのかぼくは知らなかったのだが、高齢者はよく知っていた。退職してからも工場に行っているようだが、最近は、戦争兵器の部品をつくっているのだという。ミサイルの部品、銃器の部品、潜水艦や銃のレンズなども作っているという。これらの大工場は今回の高速道路からは外れており、この高速道路を使って運搬することも可能になってくる。

ぼくらの知らないところで、時代は刻々と動いていることが実感でき、ぼくはこれから地域の方々の体験を受けとめ、身近な暮らしの中で展開している現実を見つめたいと思った。

そんな中、ぼくらの生活が息苦しいものになっており、苦しんでいる人々も増えている。

ぼくは沖縄に行く前には社会福祉協議会の活動に参加し、神奈川県のボランティア・センターの代表もしていた。

そんなこともあって県社協の研究会にも顔を出すようになり、一月二十八日には県社協の政策提言委員会のまとめた報告書に基づいたシンポジウムに参加することになった。

そのシンポの趣旨はこうなっている。

「貧困の連鎖や生きづらさを抱えた人々の孤立の深刻化など、既存の制度やサービスだけでは対応することが難しい新たな課題が顕在化しています。

こうした中で、一人ひとりが年齢を重ねても障害があっても、住み慣れた地域において、社会的つながりの中で生きがいや社会的役割をもつことができ、より豊かな生活を送ることができるよう、行政や福祉関係者、住民等の地域社会のあらゆる方々が、地域福祉の担い手としてそれぞれの役割を確認し、身近な地域を基盤に、分野横断した連携、協働の体制を整えていくことが必要となっています。シンポジウムでは、幅広い関係者が集い、課題を共有しながら、今後の地域づくりに資することを目的に開催します」

県社会福祉会館は満席となり、「一人ひとりが豊かに暮らすことのできる地域づくり」のテーマでのシンポジウムが始まる。

司会は県立保健福祉大学の臼井正樹先生。

最初は平塚市生活福祉課の白井純人さん。

子どもが貧困になると教育を受けたり様々な文化に触れる機会が減り、意欲が低下し進学、就職にも影響を与え、結果として貧困が連鎖してしまう。そこで生活保護を受けている子どもたちの学習支援事業、居場所づくり支援事業などに取り組み、アルバイト収入をため、進学の資金にする支援も行っているとのこと。

そして地域社会全体で、一人親世帯、生活保護世帯を孤立させないよう、福祉施設を活用したり、大学生に学習支援をしてもらっているという。

社会福祉法人唐池学園貴志園の冨岡貴生園長は、十五歳と十四歳の二人の子どものいる母子世帯をモデルにして、それぞれに支援チームをつくり一人ひとりのニーズに合った支援やサービスを行い、サービスだけでは解決できない問題を、地域とのつながりを取り戻すことで、支えていくプロセスを説明してくれた。

そして、どちらの場合も地域での支え合いをつくることの難しさが課題としてあげられた。

最後に逗子市山の根自治会の会長で、逗子市の社協の地域コーディネーターでもある龍村敦子さんの実践報告。

住民の孤立を防ぐための自治会で「お互いさま活動」を始めた。

ところが、その活動の中心メンバーが、とても元気だったのに数日間姿を見ないと思ったら自宅で亡くなっていたというのだ。

活動してきた人々にとっては大ショック。

今のままでは、限界があると感じた。

そこで二〇一〇年から活動を本格化させ、「お互いさまサポーター」を指名し、「お互いに気づきあおうお隣さん」を合言葉に、他の機関、専門家とも連携することになった。

こうして「サポーター」→「民生委員」→「包括支援センター」→「専門機関（保健福祉事務所・医師）」という流れが一つになって、地域を見守るシステムができたのだという。

孤立させないための生活支援ボランティア活動として「庭木の伐採・電球の取替え・ゴミ捨て・話し相手など」を始める。

さらに「自主防災活動」に取り組み、家族構成や在宅状況、在宅避難者の把握などにも取り組み防災地図を作成。

こうした活動をくり返した後、二〇二五年には困らない為のコミュニティサービスを作ることにしたのだという。

誰もが地域福祉の「相棒」と認め合い「お願いします」と言える自分になれるようにしたのだという。

誰もが「助けて！」と声をあげ、手をあげるということができるような関係をつくるようにしたのだという。

お互いが信頼し合えるような地域が気軽にできるような関係を目指したというのである。

まだ不充分なところはあるけれど世帯数五〇二、自治会加入率八〇％の山の根自治会は安心できる地域社会がつくられつつある。

ここまで来るには長い時間が必要だとは思うけれど、地域が本気で取り組めば、落ちついた支え合いのコミュニティができるという可能性が見えてきた。

シンポジウムの後半では、支え合い活動に参加してくれる人が少なかったりいなかった場合はどうしたらよいのかという質問があった。

特に高度経済成長の時代、若い世代が入居した団地が、四十年後、全員が高齢者となり、子世代が他へ出てしまい、その上、単身者（一人世帯）になってしまうという状況になっているところが多くなり、かなり難しい課題を抱えている。

地域というのは本来は、さまざまな世代が暮らしており、子どもから高齢者まで存在し、男性や女性、また外国人もいるなど混在している。さらにさまざまな体験や職業の人もおり、違った人々が暮らしていることで、お互いに支え合うことが可能になる。

同じような人、単一化していないことが地域の大切な要素なのだと気付かされる。

その意味では地域に多様な存在を育て、あるいは招き入れ、社会的つながりを再構築することが必要だと気付かされた。

ぼくの住んでいる町もその視点で見直したいと思った。

沖縄の子どもの貧困率、二九・九％

こうして二〇一六年の一月が過ぎ、ぼくは一月の末日から沖縄を再訪することになった。

昨年から取り組んできた「沖縄県子どもの貧困実態調査」の最終的なまとめを作成するためであった。

特に、これまで内閣府によって発表されている日本の子どもたちの相対的貧困率一六・三％のやり方で、沖縄県の子ども貧困率を出すというのがその大きな目的であった。

沖縄県下の四一市町村のうち、子どもの貧困率算出に関するデータの提出のあった三五自治体の可処分所得算出用データを使用し、そのうちすべてのデータが突合可能であった八自治体（サンプルA）を用いて子どもの相対的貧困率（再配分前・後）、十八〜六十四歳の大人が一人の世帯の世帯員の貧困率を算出した。

この作業に当たっていただいたのは首都大学東京教授の阿部彩先生。

まず、八自治体によるサンプルAの場合。

世帯数は、四一万二八〇五世帯。子どもの数は、二〇万三五九一人。この場合の子どもの相対的貧困率（再配分後）は二九・九％となった。また十八〜六十四歳の大人が一人の世帯の世帯員の貧困率（一人親世帯）は五八・九％。

さらに再配分前の子どもの貧困率は三二・四％となった。

「なお四一自治体のうち、六自治体は現時点においてはデータ入力が不可能であった。残りの二七自治体は所得税、児童手当、児童扶養手当、生活保護給付のいずれか又はすべてのデータを入手できなかった。

しかし、これらの自治体についても再配分前の貧困率であれば算出可能であるため、二七自治体とサンプルAに加えた計三五自治体のデータ（サンプルB）を用いて、再配分前の貧困率を推計し、サンプルAの偏りを見た。

サンプルBでカバーされる子どもの数は約二八万人であり、沖縄県全体の子ども数の約九三％にあたる。

サンプルAに比べ、サンプルBの再配分前貧困率は若干高めであることから、沖縄全体の子どもの貧困率は、サンプルAによる推計よりも若干高いことが示唆される」

阿部彩先生は、このように解説している。

沖縄県子どもの貧困実態調査は、小学五年生、中学二年生の子どもと保護者に対してのアンケート調査も行っており、この分析は千葉明徳短期大学の山野良一先生、立教大学の湯澤直美先生が行ってくれている。

その結果を受けて、地元沖縄タイムスは社説で次のように書いている。

「二九・九％。沖縄の子どもの貧困率である。

先進国の中でも高いとされる日本全体の貧困率一六・三％を、2倍近くも上回る極めて厳しい数字だ。

自ら訴えることの難しい子どもの貧困は見えにくいといわれるが《給食費を滞納し、電気やガスが止められ、日々の食事にも事欠く》――親子の現実が私たちのすぐ隣にある」(『沖縄タイムス』、二〇一六・一・三十)

十八歳未満の子どものおよそ三人に一人が貧困の中で暮らしているということである。

さらに一人親世帯では五八・九％とさらに深刻な数字が出ている。

そしてさらに驚かされるのが、経済的に苦しい家庭に学用品代や給食費、修学旅行費などを補助する就学援助制度を貧困層の半数が利用していないという現実である。

また「就学援助を知らなかった」という保護者が二割もいた。

これは就学援助制度を保護者に周知されていないという大きな課題をも残していることになる。

貧困率に止まらず、全国一低い大学進学率、全国一高い若年無業者率などを考えると沖縄の子どもたちが、戦後七十年余の間、ずっと放置されてきたことに言葉を失う。

ぼくは、今回の実態調査を見ながら、沖縄は一貫して「基地」を押しつけられてきたが、人間の生きる権利も奪われ、貧困という現実も押しつけられてきたのではないかという思いにも襲われる。

沖縄県はこれから、四月からの新年度に子どもたちの貧困対策を立てることになるのだが、この厳しい現実の中でどこから手をつけてよいのか迷うに違いない。

しかし、あわてないで、今回の調査結果をもう少し丁寧に分析し、より課題を明確にする必要があると思っている。

今回の実態調査では自由に書く頁を入れておいたのだが、ここに子ども、保護者共に膨大な文章を書き込んでいる。

今まで封殺されてきた人々の叫びが集約されている。

できれば、子どもたち本人はもちろん、保護者、子ども支援者にも丁寧なヒヤリング調査を行い、具体的な支援対策を立てていく必要があると思う。

また、沖縄全体としての貧困率は出たが、四一の市町村には、もっと深刻な貧困に苦しんでいるところもあるはずである。

さらに丁寧な地域ごとの実態調査が行われれば、具体的な対策が見えてくるはずである。

しかし、沖縄の基礎自治体は対策を立てるにしてもその予算を出せない可能性もある。

その場合は、日本政府は国として全面的な支援をする必要がある。

日本の防衛費は五兆円にもなる。

食料も買えず、通院もできず苦しみ、がまんしている沖縄の子どもたちに、その無料化を実現することは、今回の調査を見る限り、ごく自然であり当然のことのように思える。

沖縄では、戦後七十年余、厳しい経済状況の中でも互いに支え合い、協力し合ってここまで生きぬいてきた。

しかし、現実は厳しい。国、行政、地域の福祉関係者、市民が手をたずさえ、今こそ社会的つながりの再構築を行う時がきていると思う。

貧困や生活困窮に陥っている人々にとって何よりも不安なものは信頼できる人がいないという孤独

感である。

社会的つながりは、必ず生きる希望となるに違いない。

＊ぼくは、二〇一六年八月に『貧困児童―子どもの貧困からの脱出』（創英社／三省堂）という本を出版させてもらった。

気がつかないうちに働いても働いても、安定した賃金が支給されないような現実が生まれてきており、生きる意欲も失われ、いつのまにか周囲から孤立し、一人ぼっちになっているという状況が生まれてきている。苦しい時こそ、話せる仲間や知り合いがほしい。

話し合っている中から、解決への道も見えてくる。そういう思いはますます、ぼくにもハッキリしてきた。小さな集まりを身の回りにつくり、話し合うこと、つながり合うこと、それがますます大切だと痛感している。

十三、「地域学校」への夢

自分に似合う生き方

二〇一六年三月十二日の土曜日。

横浜市港北区にあるフリースクール、NPO法人「楠の木学園」に二〇人ほどの人が集まり、小さな集いが開かれていた。

ほとんどが七十歳前後の高齢者。そしてかつて学校の教員をしていた人が多かった。

この日、川崎市で二十二年間小学校教師としてユニークな教育実践を行い、そして教育理論としても本質的な問題提起をしてきた村田栄一さんの没後四年目の偲ぶ会であった。

村田さんの教育実践の記録にはクラスで発行していた学級通信の記録がある。『学級通信ガリバー』（社会評論社、一九七三年）、『学級通信このゆびとまれ』（社会評論社、一九七九年）の二冊は当事の手書き（ガリ版印刷）で作られたもので若い教師たちの見本として広く読まれた。

こうした教育実践を理論化したものには『飛べない教室』（田畑書店、一九七七年）、『じゃんけん党教育論』（社会評論社、一九七八年）、『どの子も100点をとる権利がある』（主婦と生活社、一九八一年）といった著作がある。

教師をやめた後は、ヨーロッパやアフリカ、ラテンアメリカに拡大しつつあったフレネ教育運動に参加し、国際会議の日本代表として交流に努め、その紹介や各国での実践に参加している。

そしてその成果を「教育工房」というグループを通して伝え、後には国学院大学の講師として「教育原理」の講義も行い、その記録もまとめている。『戦後教育の検証そして』『学校神話からの解放そして』（社会評論社、二〇〇五年）、この二冊が八年余りの大学での講義の記録である。

さらにバルセロナでの体験と記録をまとめた『シエスタの夢・私のスペイン』（理論社、一九八三年）、『スペイン・ロマネスク巡礼』（社会評論社、一九八九年）などもあり、よく知られている映画『ベンポスタ・子ども共和国』（監督、青池憲司）では監修もしている。

したがって村田栄一というかつて教師であり、その後は広く新たな教育理論を創造していた人物に多くの人が触れ合い影響を受けていたのであった。

まだまだ活躍が期待されていたにもかかわらず、二〇一二年一月、村田さんは急逝された。身体の丈夫な人であったので信じられなかったのだが、七十五歳という若さで亡くなられたのであった。

その後、村田さんと関わりのあった人々で毎年偲ぶ会が持たれてきた。

四回目になる今回は、村田さんの提起した課題を受けとめ引き継いでいく形の集まりにしたいという提案もあり、ぼくは少しずつ村田さんの著作を読みつつ、この一年を過した。その結果、教育工房のブックレットとして発行された『教育実践再考』（二〇〇八年）という著作が村田さんを知る上で一番よいと思い、その内容について報告をした。

ぼくは、一九六四年に横浜国立大学を卒業して横浜市内の小学校の教師になったのだが、村田栄一さんは、ぼくらの六年先輩であった。

既に川崎市で熱心に教育運動に取り組んでいたのだが、村田さんは学生時代に全国の教育系大学の学生たちと、将来の教師を目指すための勉強会「全国教育系学生ゼミナール（全教ゼミ）」を結成していた。

したがって在学中のぼくもこの全教ゼミに参加し、村田さんを知ることになり、先輩として大学に講師として来てもらい学習会も何度かやったことがある。

教師になってからは一緒に教師集団「タックル」にぼくも参加し、村田さんやその仲間の若い先生方と一緒に学び合い、教育運動も行ってきた。

誰もが子どもと関わり、教育に情熱をぶつけていて、お互いの実践を語り合ったものであった。

今回ぼくが読んだ『教育実践再考』の一番はじめに、一九八七年に村田さんが愛知県岡崎市で開かれた「好きでいいじゃん髪形なんて・こどもフェスティバル」で話した村田さんの内容が掲載されている。

校則で丸刈りが強制されていた岡崎市の中学校で森山正君は一人、その強制に抗してふつうの髪形を通していた。

森山君への攻撃が強まる中、支援のための集会が開かれ、村田さんが呼ばれて話すということになった。

まず村田さんは、森山君が丸刈りにしない理由を紹介する。「やっぱかっこわるいし、ぼくに似合わないと思うし、髪がないのはいやだし、好きじゃない。それに髪形とかまで学校が決めなくてもいいと思う」

森山君の理由を整理すると、次の四つになる。①かっこ悪い。②ぼくに似合わない。③髪がないのはいやだ。④学校が髪形まで決めなくてもいい。

村田さんは、この四つとも全部マルだという。けれどこの中で一つに特二重マル、ハナマルをつけたいものがあるという。

それを参加者に探してもらう。一番多かったのは④。次は③。①と②は一人ずつ。そこで村田さんは②にハナマルをつけたいと言う。

「自分に似合うか似合わないかということで、自分のかっこうを決める人がぼくは好きです。だから、丸刈りが似合うと思う人は丸刈りにすればいいのだし、ぜったいチョンマゲだという人は、チョンマゲ姿で学校に行けばよいのです。本人が決めることが大切で、中学生らしいなんて理由で学校や大人が、他人のかっこうに文句をつけたり強制したりすることはよくないとぼくは思う」

そしてさまざまな例をあげた上で最後にこう話している。

「こう考えると、生徒に制服を着せ、丸刈りにし、ゼッケンをつけさせるというようなやり方は、一人ひとりの違いを分からなくさせ、生徒という物にしてしまうという恐ろしいことではないかと思われてきます。

どうしてもみんなと同じになろうとするのです。

自分に似合うということよりも全体に似合う方を選ぶというわけです」

こうした流れは、子どもだけでなく教師自身も自分らしさを失い、全体の中に埋まってしまう危険がある。

そこで村田さんは、教育実践の中に三つの原則を置き、子どもと向き合うことにしたという。

それが次の三つの原則。①「もうちょっと待って」という子どもの声に従うこと（待つ）。②誤答からこそ最も多く学びうると考えること（まちがいにこだわる）。③点数に換算しないこと（点数化しない）。

この三つの原則、「待つ」「誤答」「点数化しない」は、結果よりも「過程」に重きをおいているのがよくわかる。

子どもの声に耳を傾けず、一人ひとりの違いを見ないで、ドンドン授業を進めていくという効率主義は、子どもたちに状況に従わせることのみを押しつけ、自分らしさを忘れさせようとしているように見える。

教育の世界だけでなく、働く場でも地域の暮らしの中でも、自分らしさを出しにくくさせている時代の中で、教師自身が自分らしくないことはやらないと、ことわることができるか。

自己流の原則を立てて、日常の生活を生きぬいてみる。それがますます難しい時代の中で村田さんが実践し、提起した課題が今こそ重要だとぼくには思えた。

そんな提起が『教室のドンキホーテ』（筑摩書房、一九八二年）、『授業からの解放』（雲母書房、一九九四年）の中に散りばめられている。

ぼくはいつか村田栄一論を書きたいなと思いつつ、帰宅の途についた。

暮らしの場が、学びの場

ふり返ってみると、ぼくはさまざまな場で「学び合う」という体験をしてきた。

もちろん、学生の頃は小学校から大学まで全てが学ぶ場であったし、その後の職業体験も観方を変えてみれば、給料をもらいつつ学んできた日々だという気もする。

例えば小学校の教師時代では、先輩や同僚の教員から学ばせてもらったし、クラスの子どもたちやその親、また地域の方々とも出会えば出会うほど、今まで気付かなかったことを教えてもらい、生きていく上での知恵や力をいただいたという気がする。

そして、教師をやめて、日本列島を歩きながら出会った人々や共同体での暮らしは、刺激に満ちた体験であり、未知の学びの連続だった。

さらに、横浜市の職員となり、日雇労働者の街、そして児童相談所で知り合った人々や家族、各種の施設や団体、関係者の方々。

こうして、ぼくはいつのまにか暮らしそのものが学びの場なのだと気付かされることになった。

こうした中で、四十九歳の時に今度は、かつては学ぶ側にいたぼくが、教える側の立場に立つという体験をすることになり、大学というものをどう考えるのか、あるいは学校をどう考えたらよいのかを真剣に考えざるをえない立場になったのであった。

五十代を過ごした横浜市立大学では、結局自分自身が体験したことを、どう自分の中に定着させたらよいのかを考えさせられることになり、社会臨床論に行きつくことになった。

日々の暮らしで経験したことを、自分なりに文章化して、その意味を整理してみること。

そして、体験から見えたこと、気付いたことを仲間に話し、報告することで他の人の感じ方を聴き、交流をする。

このプロセスの中で自分の気付かなかったことを再発見する。

体験の再組織化のようなプロセスをくり返す中で、何か共通している原則のようなものが自分の中で見えてくる。

これが大学での学びの本質なのかなという気がしてきたのであった。

大学の中では、演習（ゼミナール）がその学びの場になる。

少人数のゼミの中で、それぞれの考えたこと、体験したこと、調べてみたことを報告し合い、議論し、内容を深めていく。

これはとても楽しく充実していた。

六十歳になり、ぼくは沖縄大学に移り、ここでもゼミを中心に学び合い、深め合ってきたのだが、ここではさらに、沖縄大学としての独自の学びのスタイルを学ぶことができた。

それが、「地域に根ざし、地域に学び、地域とともに生きる開かれた大学」という大学の目標であった。

学んだことを最終的にはどこに定着させていけばよいのかという課題が、ここから見えてきたような気がした。

ぼくは沖縄大学在任中の約五年間を離島廻りに使った。結局五年間で四五の島を歩き、その記録を『海と島の思想』（現代書館、二〇〇七年）としてまとめることができた。

そして納得したのは、地域とは一種の島のことであり、島に暮らす人は、島と共に暮らさなければ生きられないということであった。

島の周囲には海があり、海は他の島とを隔ててはいるが、海と共に生きることができれば船に乗ってどこへでも行くことができるのであった。

島には川があり、湖があり、山や丘や畑、森や林がある。そして、数知れぬ植物が繁り、豊かな実をつけ、花を咲かせる。

さらに動物や昆虫、鳥もおり、そうした他の生きものとも共存しているのが島である。

そして何よりも、子どもから年寄りまで、老若男女が一緒に住み、暮らしている。

この人間同士が共に生きていくことができなければ、島の暮らしは成り立たない。

そう考えると地域とは人間が生きていく上でもっとも大切な場であり、地域こそ学びの場なのだと気付かされたのだった。

地域を歩き、そこで出会い交流することを通してお互いが学び合うこと、それが学びの本質ではないかという発見をぼくはしたように思う。

沖縄大学では、地域に暮らす人間の中で、次の時代の担い手となる子どもたちに焦点をあて、子どもが地域の中でどう生きているかを知ることによって、地域の現実と未来が見えてくるということも学んだ。

沖縄大学在任中は「沖縄子ども研究会」を続け、『沖縄子ども白書』（ボーダーインク社、二〇一〇年）もまとめることができた。

そして二〇一四年三月、ぼくは体調を崩したこともあり沖縄大学をやめたのだが一年余りは「沖縄県子ども総合研究所」の活動に関わり、沖縄県の子どもの実態調査に集中することになった。

その間ずっと考えていたのだが、横浜市立大学や沖縄大学で学んだことを基本にして、一人ひとりを大切にする学びの場をぼくの身近なところでやれないかなァと考えるようになったのだった。

そして例えば沖縄大学〇〇分校というようなものを作って、そこで大学でのゼミ、研究会がやれたらよいという思いを話してみた。

すると意外に多くの方々が賛同してくれ、沖縄大学での発足準備会を経て、二〇一六年の二月十三日に、横浜市の「楠の木学園」を会場に準備会が開かれ、取りあえずの事務局体制もつくられたのだった。

村田栄一さんの偲ぶ会も、また沖縄大学関東分校の準備会も同じ会場で開かれているのだが、この楠の木学園は、さまざまな困難を抱え、高校になかなか行かれない若者のためのフリースクールとして発足し、今年（二〇一六年）で二十七年目を迎える。

ぼくは、この発足から関わり、現在は楠の木学園の後援会（オアシスの会）の代表を務めている。

そして村田栄一さんと学生時代からずっと行動を共にしてきた武藤啓司さんが、この学園の学園長を経て、現在は理事長。

そんな関係もあって、楠の木学園の大教室を借りて、いろいろの集まりをもたせてもらっている。

「村を育てる学力」と現代

沖縄大学の関東分校の事務局長には二〇〇七年に沖縄大学を卒業した須田大輔さんが就任し、準備会の報告が送られてきた。「約二〇数名の職業も立場も種々様々、かつ年齢層も老壮青と多様な集まりの中で、自由に意見を交わす時間はとても有意義なものであり、その中で関東分校のテーマを『た問自答（たもんじとう）～生きる～』と定めた。「た問」とは〝多くの問い〟であり、〝他の人間の問い〟でもある。

複眼的視野を持ち、〝多くの諸問題から目をそらさず〟に自分なりの答えを見つけること、そして他人の問題を自分のことのように捉え、そのひとつひとつに自分たちの出来る範囲で答（応）えていくという意味である。

そう、あなたの問題は同時に我々の問題であり、それは翻ってこの国の問題でもあるはずなのだ」

そして、最後にこうある。「問い続けることをやめない姿勢こそが本来の学問の姿であり、また人間の本来あるべき姿なのではないかと私は感じている」

自問自答を超えて「た問自答」というテーマを掲げ、学びの場、つながりの場、避難できる場を作ろうというのである。ぼくは新たな学びの場、創造の場ができることがうれしかった。

だが、この沖縄大学関東分校の名称は、正式の分校と紛らわしいということもあり、自由な学びの場として、塾にすることになった。

また、沖縄大学の卒業生や関係者だけでなく、もっと自由に学びたい人に開かれたものにしたいという意見もあり、最終的には基本的な思いはそのままにして、名称のみ「泰山塾《たいざん》」としてオープンな学びと交流の場にすることになった。

この後、何回かのミーティング、準備会をもって、五月には正式の発会式をすることも決まった。

そして「泰山塾」として次の三つのコンセプトを掲げることにした。

〈泰山塾の目指すもの〉

一、自主講座として

自分たちで問い、自分たちで考え、自分たちで答えを探し続ける。

自主的に学ぶ姿勢こそ「学問」の本来の姿ではないでしょうか。

泰山塾は「自主講座」として、あなたと共に学びの場をつくります。

二、コミュニティとして

沖縄は風土も文化も違う場所で、あなたらしさを失ってしまうことは、とてももったいないことです。

「人のつながり」の中で、あなたがもっとも輝ける、そんな場所や何かを一緒に考え、作ってみませんか。

三、シェルターとして
人生、何が起こるかわかりません。

お悩みごとやトラブルがあった時に、あなたに寄り添い、共に解決の糸口を探りたい。泰山塾は、そんなあなたの「シェルター」でありたいと願います。


この「泰山塾」は、これまでの長いぼくの人生経験と、横浜市立大学と沖縄大学という二つのユニークな大学で学んだことを重ね合わせ、暮らしに中に「学びの場」をつくりたいと思ってきた、その夢がつまったものだ。

これからどんなことが始まるかは参加してくる方々の思いによって、いろいろとふくらんでくると思っているが、基本的なテーマは、人と出会い、そして相互に交流し考え合っていく中で深まっていくと思っている。

そこで一つ気になっていることがある。

子どもたちにとっての学びの場は、基本的には「学校」である。義務教育となって、全ての子どもたちは小、中学校に通っている。けれども、子どもたちは「学校教育」の中で生きる喜び、学ぶ喜びを感じているのだろうかという不安がある。

依然として不登校の子どもたちは減らないし、いじめや暴力行為、差別や排除といった学校での現象もなくなっていない。

ぼくはこうした現実を見ていると、どうしても学校が地域と離れてしまったからではないかという気がしてしかたがない。

点数化された知識を学び、覚え込むことが中心の学校教育からは、一人ひとりを大切にするという感じがしてこない。

そんな折、「コミュニティスクール（地域学校）」の構想について知ることができた。

二〇一五年十二月二十一日の「中央教育審議会」の答申が出ていることを知り、調べてみた。

そこには「新しい時代の教育や地方創生の実現に向けた学校と地域の連携、協働の在り方と今後の連携方策について」というタイトルがついている。

そして、「地域とともにある学校」「子どもも大人も学び合い育ち合う教育体制」「学校を核とした地域づくり」といった文字が並んでいる。

さらにこうした発想が生まれてくる背景には、地域社会のつながりが希薄化し、地域の教育力も低下し、学校が抱える課題も複雑化、困難化しており、学校と地域がパートナーとして相互に連携していかなければ、人間が暮らしていくことが困難になっているというのだ。

かつて日本は戦争によって、多くの人材と貴重な文化財を失い、生きる気力も失われていた時期があった。

そんな状況の中で、未来を担う次世代の子どもたちが学ぶ学校で、何を考え何を目指していたかを考えると、当時、多くの先生方が読んでいた『村を育てる学力』（東井義雄著、明治図書出版、一九五七年）という本が浮かんでくる。

学校は、未来の地域（村）を担っていく力を子どもたちにつけていく。子どもたちが自分の住んでいる村を大切にし、そこで力を合わせて生きていこうとする心と身体を育てていくという考え方である。

生きていくために必要な食料やお米、水はどうやって確保したらよいのか。

地域にとって大事な農作物をつくる農民になりたい。こうした志と夢をもつ子どもたちを育てるために教師は努力していた時代があった。

しかし時代は、「村を捨てる学力」を育ててしまったのかもしれない。

ぼくは今、一人ひとりが、本当に生きることの意味を考え、地域と共に暮らせる知恵と力をつける時に来ていると思う。

顔の見える地域から、地域学校の夢を考え続けたい。

十四、希望をつくること、それが政治

自然に恵まれた村

今年（二〇一六年）の四月はわりあいと暖かく、例年よりも早く桜が咲きはじめた。ぼくの家の庭や近隣の山に咲くのは「染井吉野」でうすいピンク色で一面に咲くと、フワッとした花の空間ができる。

見ているだけでも心が落ち着き、ずっと眺めていたい気分になる。

あらためて桜は日本の風景なのだなと思う。長男、俊輔の連れ合いの祖国はイスラエルであるが、そのケレンの両親が十数年ぶりに日本にやってきて、三月中旬から二階の長男一家のところに泊まっている。

以前に来日した時は、俊輔とケレンの結婚式の時であった。

それから生まれてきた二人の孫娘、多美は今年から中学三年生（十五歳）、妹の彩は中学一年生（十三歳）となった。

二人は孫娘の卒業式と入学式に参加したいとの思いで来日したのだが、ぼくとも久しぶりの対面となった。

ぼくら夫婦は七十代、ケレンの両親、アレキサンダーとゴルダはそれぞれ六十代の後半だがやはりお互いに老いた。

ヘブライ語と日本語はお互いに学ぶのは大変で「シャローム」(こんにちは)、「トダラバ」(ありがとう)位だが、カタコトの日本語、ヘブライ語を交えながら孫娘の通訳で庭に出て話したり、紅茶を飲みながら語り合った。

アレキサンダーとゴルダは子ども時代、青年時代はロシアで育った。

そして結婚してケレンも生まれたのだが、ロシアでのユダヤ人迫害はすさまじく、戦後に複雑な事情の中で誕生したイスラエルへやってきた。それからヘブライ語を学び、アレキサンダーは電気工事店を始め、ゴルダは看護婦として一家を支え、子どもたちを育ててきた。そしてケレンは国際社会で仕事がしたいと考え、エルサレム大学に入学し、アジアを学ぶため中国の北京にある首都師範大学へ留学したのであった。

長男の俊輔もその頃、首都師範大学へ留学しており二人は知り合い、卒業後ケレンは日本に来て、わが家に住むようになった。

二人は結婚したいと希望していたがイスラエルと日本では宗教も異なり、特にイスラエルの両親が許可するとは思えなかった。

やがて二人は両親に了解をもらうためイスラエルのアッコという街へ行くことになった。

文化も歴史も違う国で育った二人。

難しい問題もあると思ったが、ヘブライ語、中国語、そして日本語で語り合う二人を見ていると、新しい時代が来たのだなァという思いもあり、二人の夢を応援したいと考え、ぼくら夫婦も思いきってイスラエルへ行ったのであった。一九九九年八月のことである。

暑いイスラエルで、ぼくらは両親と会い親戚の方々とも会い、約一週間アッコやエルサレムで過ごした。

俊輔とケレンはその間、丁寧に通訳をしてくれ、ぼくら夫婦も短い間ではあったが、親しくなれた。特に幼い子どもたちを連れてロシアから逃れてきた時の苦労話では、妻の晴美とゴルダは抱き合って泣いていた。

こうして二人は無事結婚し、ケレンは日本のいくつかの学校で、海外の暮らしと文化について教える「国際交流担当教師」をしながら、二人の子どもを育てる母として暮らしている。

俊輔は北鎌倉に小さな店を開き篆刻《てんこく》の仕事をしている。

今度の旅は二人とも高齢になり、これが最後かもしれないという思いで来日したという。

二人とも仕事はやめ、老後の生活だということであった。二人にとって、孫と会うこと、話すこと、触れ合うことは何よりの楽しみだという。

四月十日の早朝、アレキサンダーとゴルダは帰国の途についたが、「あなたに会えてうれしかった。日本の自然は美しい。日本人はやさしい」といって大きな掌で握手をし力一杯のハグをした。

イスラエルは荒れた土地で、岩石と砂が中心である。樹木も少ない。川や湖も少ない。

死海は濃い塩の湖で、呑むことはできない。ぼくの家の庭にある桜や柿、竹やさまざまな樹木や草花を見ながら、アレキサンダーは「豊かな自然の中で暮らせる日本人は羨ましい」と言った。

昨年からぼくは、ぼくの住む田谷町の老人クラブ「長生会」に入り、定期的な集まりに参加しているのだが、会長の川副栄一さん（八十歳）は、四月の新年度からは、町内のためになることを長生会でもやりたいと提案をしていた。

その一つが、この地域の唯一の集会場「千秀センター」の庭を掃除するという作業だった。千秀センターというのは通称で、正式には「横浜市青少年センター」という公共施設。

かつてここには、公立小学校があった。

ぼくもこの小学校に通ったのだが、その頃は横浜市立豊田小学校の田谷分校と呼ばれていた。一学年の生徒数も十人前後の小さな分教場で、小学三年生までここで学び、四年生からは本校の豊田小学校へ通っていた。

その後、近くの山が切り崩され、そこに鉄筋コンクリートの「千秀小学校」が移動し、取り壊された小学校の跡地に、青少年センターができたのであった。

田谷の人々は田谷町の住民の集会場（町内会館）にしてほしいと要望したのだが、横浜市全体の青少年のための施設にするということで、庭にはテントを張ってキャンプなどができるようになっており、サッカーや野球もできる運動公園もあるので、公共施設となったのであった。

ただ、この管理は田谷町内会にまかされたので、町内会が選出した二人の方が交代で申し込みの受付や鍵や用具の管理をしているのである。

川副会長は、このセンターの公園や、小さな池、そして周囲の水路なども含め、毎週一回は集まって掃除をしたらどうかと提案したのである。三月から毎週水曜日の午前九時に集合し、午前十時三十分まで一緒に汗を流そうということになった。

さっそく三月からスタートしたのだが、第一回目は川副さんも含め四人だった。

七十歳過ぎの老人四人でせっせと枯れ葉を集め、池や水路のゴミを出し、一休みした時には全員が腰が痛いとお互いにさすり合い、大笑いしたものであった。

二回目は六人に増え、少し早めに終えて公園のテーブルに腰掛け、おセンベイとお茶を飲みつつおしゃべりをした。

これが楽しくて、お互いの人生や趣味、世の中のこと、政治のことなど話はつきなかった。こうして集まるのが何となく待ち遠しくなり、長生会でお花見会をしようということになった。

千秀センターの公園の周囲にも桜は見事に咲いており、この下で桜の花びらを浴びながらビールでも飲んで、歌でも歌いませんかということになったのであった。

希望を失わせる貧困化社会

昨年（二〇一五年）一年をかけて取り組んできた「沖縄子ども貧困実態調査」が一応終了し、その報告書も三月中旬には完成しホッとした。

そこで気がついたのだが、国で制定した「子どもの貧困対策の推進に関する法律」（二〇一三年）には、それぞれの自治体で子どもの貧困に関する実態調査を行い、その対策を立てるようにと書かれているのだが、どの自治体も忙しく、中々実行されていないのが実態であるということであった。

沖縄は、県民の熱い思いを受けとめ、支持されて翁長知事が誕生し、子どもの貧困対策にも熱心で、とうとう日本でははじめて県の子どもの貧困率（二九・九％）まで算出し、その実態調査に基づいた対策のため、この四月からの新年度に、県単独で今後三年間の予算三〇億円を「子どもの貧困対策費」として計上したのであった。

しかし、この動きが中々全国に拡がらない。それどころか、子どもの貧困といってもマスコミがオーバーに報道しているだけで、周囲を見廻しても、飢え死にするような子はいないと考える人が多い。

このままではせっかく日本の中で生活に苦しんでいる人のことに注目が集まり、その対策を立てようとする動きが止まってしまうのではないかという不安が、ぼくにはあった。

日本の憲法では「健康で文化的な最低限度の生活」を保障することが認められている。

この保障をするのは国の仕事（政治の役割）であり、すべての人が安心して暮らせることが平和の基本であると述べられている。

貧富の差が拡大し、しかも固定化されるようになると、いくら一生懸命働いても生活は楽にならず、しかも子どもたちにも影響してしまう。

現在、生活の厳しい人々には、生活保護法が適用され、最低限の生活保障がされるようになっている。

しかし、行政の窓口へ行き、いろいろと調査されて国から手当をもらうということに、ぼくら日本人は慣れていないし、どこか後ろめたい気持ちもある。

したがって、あきらめ、ジッと我慢してしまうことになってしまうのである。

その結果、平成十年（一九九八年）以降、十四年連絡して、年間三万人を超える自殺者が出て、二〇一二年から下回ったとはいえ二万五〇〇〇人もの自殺者が出るという状況を生み出している。

年間三万人ということは、一日に直すと、約一〇〇人近い人が、自らの命を断っているということになる。

自らの命を断つということは、自分のことに置き換えると、本当につらく悲しいことである。家族や多くの人たちにも影響を与えるし、迷惑もかける。

しかし、それ以外に選択肢がないところまで追い込まれてしまったということである。

それでも何とか生活保護にたどりつけた人がどの位いるかというと、二〇一四年の統計で何と一五九万世帯。人数で言うと約二一六万人ということになっている。

実は生活保護法が施行されて以来、現在が戦後最大の被保護者数になっているのである。

一九五一年が、これまで最も生活保護を受給した人が多かったといわれているのだが、世帯数では、その時の二倍を超えている。

また人数でも、その時は二〇四万人だったので、それを超えてしまったことになる。

しかも、年収二〇〇万円以下で働いている人々、この人たちのことをワーキングプアと呼んでいるのだが、この方たちが現在一九八〇万人もいるというのである。

実は生活保護を受給できる生活水準の人々の中で、生活保護を実際に受給している人々の割合は、全国平均で二〇%という数字も出ている。

これを生活保護の捕捉率というのだが、約八〇%、八割の人は受給できる生活水準にありながら、生活保護を受けていないという実態なのである。

こうした厳しい日本の現状は、何となく感じている人は多いと思うのだが、貧困状況にあるといわれることもつらいので、我慢をしあきらめているのだと思う。

そのために最もつらい思いをしているのは、自ら働くことのできない子どもたちと、高齢者なのである。

生活が厳しくなると、生きていく上で一番大切な食事を抜くことが多くなる。

育ち盛りの子どもたちが食べられない、我慢をするということは、その成長が抑えられるということである。

当然、栄養が身体に届かないので体調を崩すことになるし、病気になる確率も高い。

しかし、治療を受けたくても、病院に行きたくても医者にかかるお金がないのが貧困である。

国民健康保険は、健康で生き働くためにつくられたセーフティネットである。

しかし、例えば四人家族(夫婦と子ども二人)で、夫が年間三〇〇万円稼いだとすると、国民健康保険料は、年間五〇万円となってしまう。

どうしても保険料が支払えず滞納してしまうと、健康保険は使えない。

十割負担では、風邪や歯痛、腹痛でも病院へ行くことができない。

学校で必要となる教育費も、給食費、学用品代、PTA代、遠足代と年間三〇万円以上はかかってしまう。

当然、学習塾や習いごとに費用を出す余裕はない。未来に向かって、思いきり元気に生きてほしい子どもたちのエネルギーは発揮されないまま、無気力な若者や、反社会的な行為に走ってしまう若者を次々と生み出してしまうことになってしまう。

本来は、日本の活力の中心になる子どもや若者の貧困対策を怠っておくと、十五歳の子どもだけをとってみても、年間二・九兆円の損失になると発表したのは日本財団の研究チームである。

子どもを産み育てるエネルギーも失われ、年々少子化を続けている日本で、子どもの貧困化を放置しておけば、将来の日本は本当に活力のない社会になってしまう。

そう思っているのだが、保育所問題一つにしても展望が少しも見えてこない。

こうした状況を見ているうちに、真剣に子どもの貧困の現実と、その克服について考えをまとめてみたいと思うようになった。（『貧困児童』創英社、二〇一六年）

もう一度、子どもの貧困の意味と打開策を考えているのだが、その中で一つ気付いたことがある。「貧困」と「貧乏」の違いである。

どちらも経済的な貧しさ、収入のなさが土台にはあるのだが、貧乏にはどこか親しみがある。一人ではないという思い、仲間がいると感じる。

一方、貧困は仲間が見えず、一人ぼっちで孤立している感じがある。人間関係も断ち切られ、排除され捨てられるイメージがある。

つまり、貧困は人と人との関係をも貧しくさせ、生きる力を失わせていく。

一緒に力を合わせ生きていく希望も失わせるのが貧困、だとすれば克服する方向性も見えてくるなァとぼくは思えてきた。

地域の歴史や文化を伝える

田谷町の長生会主催のお花見会は、四月八日と決まった。その前日に雨が降り、風も強かったので桜が散ってしまうのではないかと心配したが翌日は快晴だった。

午前十一時、千秀センターの庭には二〇名余りの人が集まった。

今回は花見だけでなく、その前に約一時間ほどかけて「田谷洞窟」を見学するという案をつくり、その見学会も入れておいた。

この案内役は、郷土歴史の研究会のメンバーがやってくれることになった。

長年、コツコツと地域の歴史、郷土史を学び合ってきた仲間の成果を示してもらおうという企画であった。

この洞窟のある定泉寺という寺で発行しているパンフレットにはこう記されている。

「田谷の洞窟

詳しくは田谷山瑜伽洞《たやさんゆがどう》と称し、元鶴ヶ岡二十五坊の修験道場である。鎌倉時代初期開創と伝えられ、江戸時代に至るまで適時拡張されて上下三段、総延長一粁余の壮大な規模となった。

洞内には本尊一願弘法大師をはじめ四国、西国、坂東、秩父各札所本尊、両界曼荼羅諸尊、十八羅漢等数百体のみ仏が行者の手により壁面に刻まれ今も無言の説法をつづけている。地質は粘板岩の巨大な一枚岩で幾度かの大地震にも見事に耐えている。

また、合理性を備えた構造からは往時の土木技術の一端がうかがわれ、その点からも貴重な存在である。

寂静の洞内にいまなお残る無数のノミ跡は往時の久修練行を物語りつつ巡拝者の心奥にひそむ浄菩提心の開花を願っているようである」

定泉寺は真言宗の寺で、ぼくらが子どもの頃は、この寺の子どもも年上だったが同じ分教場の生徒であり、この洞窟にはよく入れてもらっていた。隠れんぼもよくやった。

しかし、この十数年の間、沖縄にいたこともあり、田谷の洞窟へは久しぶりに入ることになった。入口でローソクに火を灯す。

郷土史研究会の解説にはこうある。

「この洞窟について、幕末以前のことは謎に包まれています。地元の人たちの間では、幕末に湧水を求めた農業用水用の岩井戸工事が発展し、歳月をかけ彫刻をほどこし完成されたといわれています。

明治政府が作った〝皇国地誌〟(明治十二年)によれば、

——定泉寺境内の北方に小丘ありその下に長さ五十間高さ八尺の窟及び支洞多数存在す往古より穴たるを知らず。

天保十三年(一八四二年)創て郷民佐藤惟明《これあき》(七左ヱ門)及び村落の人集合し農閑をもってこれを修繕す加ふるに数々の画像を彫刻すること数歳、漸く文久二年(一八六二年)に至りて概ね事成る—という。と記されています」

また、この説明によると、幕末にはこの洞窟は、鎌倉大仏、江の島、川崎大師と共に有名で多くの人が訪ねていたという。

しかし数年にして明治維新となり、廃仏毀釈となり洞窟も一時閉鎖となった。

その後の関東大震災にも耐え、また戦争中には近隣の防空壕や海軍病院の医薬品倉庫にも利用されていたという。

その一方、洞窟内を流れ、湧き出る水は絶えることなく、洞窟の外にある池と井戸に流れ出て、田谷の田畑を潤す大切な水として使用されてきたという。

そして最後にこう書かれている。

「今から約百五十年前、天保の大飢饉や安政の大地震、干ばつや柏尾川の氾濫などに苦しみながら、家族や人々の幸せと村の繁栄を願い完成させた大洞窟。

この〝村民を中心とした幕末の村おこし〟とも言うべき先人の偉業を、郷土の誇りとして大切に守っていきたいものです」

この日、田谷の洞窟を案内し説明してくれたのは郷土研究会の浅野和枝さん。

浅野さんは、長年小学校の教員をしておられ今年で八十六歳。

町内会の役員としても活動してきたが今は現役を引退し、郷土史のまとめに集中している。

洞窟の見学会を終わった後、千秀センターの庭でお弁当を食べながら、浅野さんの話を聞いた。浅野さんはこの日のために、洞窟の資料をまとめ参加者に配布もしてくれた。

この中で、田谷の住人であった佐藤七左ヱ門惟明さんが晩年、定泉寺に隠居していた時、水田の灌漑用水のため洞窟を拡大することを思いついたと書かれている。

その時、洞窟の岩の質が彫刻にとても適していると感じ、佐藤さん自身が全国各地を行脚した時に集めてきた仏画、仏像文字などを彫刻することにしたというのである。

起工が天保十三年（一八四二年）、完成したのが文久二年（一八六二年）。

この間二十年にわたる大工事であった。

しかも絵を描き彫刻した人の名も残っていた。絵を描いたのは米山弁蔵（後の九兵衛）さん。彫刻をしたのは石井友吉さん。

全体の設計は全て佐藤七左ヱ門。

しかし穴を掘り、土を運び出すなどこの大事業には田谷の村民の多くが参加をしているというのだ。

この大工事に参加した近隣の諸寺、農民や町人、石工、屋根屋、大工などの名も記されている古文書も定泉寺にはあるという。

また今回、洞窟の中で、佐藤七左ヱ門や米山弁蔵、石井友吉の名もあり、何とぼくの家の先祖、宇右ヱ門じいさんの名も刻まれており驚いた。

かつて田谷村の人々が、農業のための用水や生活水のため、また、この洞窟と湧水を大切にするため二十年にわたる大工事をしてきていたことがわかったのであった。

そして、かつて田谷の町内会長を二十年余りやってこられた石川伊之助さんの「田谷散歩」「故事解説」といった貴重な文章も見つかった。長生会の役割は、これまでの田谷の歴史、この地域に生きた人々の記録をまとめることではないかという気がしてきた。

そして見えてきたこと、わかったことを地域の子どもたち、若者たちに伝えるのも、ぼくら高齢者の役割だという気もしてきた。

そんなある日のテレビで、訪日中のウルグアイの大統領であったムヒカさん夫妻のインタビューを見る機会があった。

南米の極貧の村民を守る闘いをしてきたムヒカさんは、人を憎み闘うのではなく、力を合わせて一緒に生きていく暮らしを作ることを目標として政治家となり、全国民に慕われる大統領になった。

「希望をつくること、やることを見つけ実現すること、それが政治です」

ムヒカさんの言葉が心に響いた。そして、小さなぼくらの村でも、希望をつくる仕事をしたい。

十五、地域コミュニティの再生

田谷長生会の総会風景

二〇一六年度（平成二十八年度）の田谷町の長生会（老人クラブ）の定期総会が四月二十五日の午前十一時から千秀センターの会議室で行われた。

開会に先立ち、川副会長から四月の誕生日の会員に、お祝いの手拭いと額に入った絵が贈られる。快晴のこの日、ぼくも妻と参加したのだが会場には入りきらないほどの人が集まり、一杯となった。司会進行は、元小学校教員の副会長、浅野和枝さん。開会の言葉は二組の組長をしている山内良一さん。

白髪の大柄な山内さんは長年、技術畑で仕事をし、今はカラオケ部に参加し、渋い声で演歌を熱唱してくれる人。「私たちも年をとりましたけど、同じこのまちで暮らしている皆さんと、少しでも長くご一緒に仲良くやっていきたいと思います。この年になりますと健康のことが一番心配ですが、皆で集まって話をしていれば病気も吹きとぶでしょう。本年度もよろしくお願いします」

笑わせながらの山内さんらしいやわらかな挨拶であった。

続いて、亡くなられた会員の方々への黙禱が行われた。

静かな時間の流れ、八十代で亡くなられた方々のことを思いつつ、目を閉じる。

続いて長生会会長、川副栄一さんの挨拶。

いつもは、野球帽にジャンパー姿で、千秀センターの花壇や水廻りなどの作業をやり、汗だくで歩き廻っているのだが、この日は背広を着て、背筋も伸びて別人のようだ。「私も、会長を引き受けまして一年目が過ぎましたけれど、ほとんど何もできていない状況で申し訳なく思っております。

本年度は二年目で、少しは様子も分かって参りましたので、シッカリとやりたいと思っております。詳しい提案は、議事の方でいたしますが、ご協力よろしくお願いします」

まじめで実直な会長の言葉に拍手が起こる。

その後は来賓として、田谷町内会長の加藤重雄さん。会長になる前は、長いこと文化体育部長をやっていたので、町内の行事や夏の盆踊りなどを中心になって取りしきってきた青年である。今は六十歳も過ぎ、スッカリ落ち着いている。

「田谷の町も最近は、いろいろと外部の人も入ってきて、登下校中の子どもたちにも心配なことが起こっています。

先日も帰宅途中の小学五年生の女の子が、通りがかった車に乗せられようとしたことがありまして、学校の方からも地域の方々の協力をいただきたいという依頼も来ています。

学校の近くは、ＰＴＡの方々に見ていただいているのですが、ぜひ皆さんの家の近くの道路の子どもたちの行き帰りの時間に、表に出ていただいて見ていただきたいと思っています。

長生会の皆さんは、もうお仕事もリタイアされてお時間もあると思いますので、朝と夕方、ぜひ〈子ども見守り隊〉に参加いただいて、子どもの安全を見守ってほしいと思います。

やってみようという方がおりましたら町内会の方に、長生会会長を通して申し込んで下さい。

学校の方に報告して、見守り隊の腕章をお届けします」

町内会長の話が終わると、「やってみようかねえ」という声があちこちであがる。「毎日やるのはキツイですが、時々でもいいですかねえ」「ああ結構ですよ。雨の日もありますしね、無理はしないで下さい。できるだけ多くの方が見ていていただければ安心ですのでね」

会場がなごやかな雰囲気になる。

いよいよ議事に入る。前年度の事業報告、会計報告、会計監査と続き承認される。

次に本年度の事業計画案の報告に入る。「皆さんからやってほしいという要望のありました会報ですが、本年度はぜひやりたいと思います。

以前は、〝笑顔・楽しく〟という会報を出していたのですが、担当していた方が入院して中断したままになっています。いろいろやった行事の写真なども載せて、どんな活動をしているかも広報したいと思っています。

現在は広報部長さんも不在で、今年ぜひやってくれる人にお願いしたいと思います」

広報誌を読みたいという希望は多いのだが、実際に記事を集め、写真を撮り、会報を作るとなると担当者は大変になる。

長生会の部活動には、次のようなものがある。「友愛活動部」「スポーツ部」「旅行部」「カラオケ部」「文化部」「広報部」

川副会長がこの一年、力を入れてきたのは「文化部」で、現在は毎週水曜日に、午前九時から十時半まで、千秀センターの花壇や、池、水路、庭などの掃除、草取りを始めている

まだ少人数だが、ずっと続けてきた。将来は庭の手入れなどができるようになれば、会員宅の手入れのサポートもしたいという夢がある。

通信で「庭園管理師」の資格をとって、庭の手入れができるようになれたらいいと話す人もいる。

スポーツ部はグランドゴルフを、毎週月水金の午前中、千秀センターのグランドでやっている。カラオケ部は毎月二回の練習日がある。旅行部も、友愛活動も、他で行われる旅行会や講演会、研修会に参加するのが主で、田谷町独自のものは、行われていない。

川副会長は、続けてこのような提案も行った。「本年度は、長生会の活性化を計るため、新年会、忘年会、お花見会、敬老会、歴史散歩などを新設します。もっと多くの方に参加いただけるよう皆さんのお智恵も借りて楽しい会にしたいと思います。また、防災訓練、児童の見守り、健康増進散歩などにも取り組みたいと思います。

そして田谷町内会や、千秀小学校の行事にも積極的に参加し、交流を深めていきたいと思います」

長生会活性化への意気込みも感じられ、ぼくも拍手を送った。

ところが、本年度の予算案のところでモメてしまった。

会費と助成金、寄附金、さらに昨年度の繰越金を入れても、年間予算は約四四万円。そこから新し

い活動費を出すとなると中々難しい。そこで会長案は、各部に分けていた予算を一括して「文化・スポーツ活動費」にして、活動した時に請求する方式に変え、慶弔費も大幅に削減した。

この予算案をめぐって、発言が相次ぎ、最後に予定していた役員人事まで進みきれなかった。そのため、一応予算案も了承されたのだが、人事の件も、全体に若返りをしようという提案も充分に議論できず、現役員の続行となった。

新しいことをしようとすると予算は必要で、その資金をどうつくり出すか、という問題が長生会でも課題になったのであった。

川副会長は、総会終了後、会長職を辞任したいと発言したため、少々混乱したのだが、五月中旬には役員会が開かれ、新年度の方向についてもう一度ジックリ話し合うことになった。

動き出しているなァとぼくは感じている。

地域共同体は地球の細胞

今回の長生会の総会を見ていても感じたのだが、地域には実に多様な人々が住んでいる。人生経験もさまざまだし、考え方や価値観、宗教も違う場合が多い。

したがって、葬儀についての考え方や、費用についてもいろいろと意見も違うはずである。

しかし、そうした違った個性の人々が集まって暮らす場が地域であり、コミュニティである。そのため住みにくい面もあるのだが、同時に一番頼りになる存在でもある。

どの地域、どのコミュニティにもあるのが小・中学校である。その地域の公立小学校に入学し、地域の子どもたちと出会い、その子どもたちと一緒に暮らすのが地域の特徴の一つである。だから地元の小学校に行くと懐かしい感じがするし、校舎や校庭、そして一緒に遊んだ日々のことが思い出されるのである。

一八七二年（明治五年）、明治政府は日本の殖産興業、富国強兵の国家目標に向かって、各地に学校をつくっていった。「村に不学の戸なからしめ、家に不学の子なからしめん」という方針のもと、国民意識を培養し、地域コミュニティづくりに着手した。こうして子どもたちは、地域の中で、子ども同士や出会う大人から、生き方のモデルを学んでいき大人になっていったのである。

もちろん、学校が学業の中心になって子どもを育てたのだが、その人間性や社会性、生き方などは地域社会の中で学び、成長していったと考えていい。つまり、地域コミュニティが、人間を育てる「苗床」であったといえる。

明治以前、日本の生活共同体（市町村）は、およそ七万ほどあったと言われている。しかし、この数では統治するのに多すぎると考え、一八八八〜八九年にかけて一万三〇〇〇ほどの市町村に整理縮小されていった。

その後、一九五三年には一万四一あった市町村共同体が一九五六年には三九七五にまで減ってしまうのである。さらに平成の大合併では三二三二市町村に整理され、現在二〇一四年における市町村の数は一七一八まで減ってしまっている。

この基礎自治体と呼ばれる市町村は、ぼくらにとっては、暮らしの基本である。

その暮らしの苗床が、次々と合併され、変化し、およそ一〇〇年の間に一〇分の一にまで縮小した背景には、日本全体の都市化、工業化による地域の変容があったと思われる。

そのため、地域の自然や文化を継承する大切な場であったものが、単なる消費の場に変わってしまい、自然も次々と破壊されてきてしまった。

今思うと、この典型的な事例は、足尾銅山の鉱毒事件だったと思い当たる。

日本における産業革命の大きな波が、日本のコミュニティ（市町村）、地域を破壊していった、その出発が、利根川の支流、渡良瀬川での汚水、鉱毒の流出だったと思う。

一八八〇年には、既に鉱毒で渡良瀬川の魚類は次々と死滅し、漁業は成りたたなくなっていた。さらにその被害は沿岸の農地にも及び、農作物は大きな被害を受けていた。

同時に一八九〇年頃から、大洪水が続き栃木、群馬、埼玉、茨城、東京にも被害が出、健康被害も拡大していた。

田中正造が、帝国議会から戻る途中の天皇に足尾銅山の操業停止を直訴したのは一九〇一年十二月十日。その前年、田中正造は帝国議会にこのような質問書を提出している。

「亡国ニ至ルヲシラザレバコレ即チ亡国ノ儀ニツキ質問書／右成規ニヨリ提出候也」

この時、田中正造が書いた「亡国」の意味は、明治国家ではなくて、渡良瀬川流域の谷中村一帯の地域共同体（コミュニティ）ではなかったかという気がする。

一般民衆、一人ひとりの市民にとって、巨大で全体が見えない国家ではなく、共に生き、共に暮らしている地域コミュニティこそ、自分たちの大切な暮らしの場、国（クニ）だったのではなかろうか。

また、こうした一つ一つの地域コミュニティを大切にせずして、全体の国自身も決して安泰ではないことを田中正造は訴えたのだと思う。

今、ふり返ってみれば、一九七九年にはアメリカのスリーマイル島原発事故があり、一九八六年にはチェルノブイリの原発事故があった。この大事故によって、原発が建っていた地域社会は、その地に住むことができず、地域コミュニティも崩壊した。今もって住めない土地となった。

そして、二〇一一年三月、福島原発事故は発生した。そして、地域の住民は避難することになり、地域には戻れず、地域コミュニティは失われた。しかも、放射能被曝の将来的な影響についても何もわかっていない。避難している被災者にとっての住居、就学、就労の可能性など日常的な生活設計の全てが奪われてしまっているのである。

日本国家の経済的な安定という名のもとに、もっとも基本である暮らしの場、地域コミュニティがズタズタに破壊された例は、水俣市でもあった。

常に日本国家の安泰ばかりに目が注がれ、そこで暮らしている人々のコミュニティは放棄され、見捨てられているのである。

こうしてみてくると、それぞれの地域で暮らしている市民のことも、その地域の歴史や文化、その地域にある豊かな自然も、すべてが使い捨てにされているということがよくわかる。

地域コミュニティは、地球全体から見れば一つの細胞のようなものである。一つ一つの細胞が生き生きとしていなければ生命体である地球も生き続けることができない。

にもかかわらず、その細胞の死滅にも動じずに巨大な資本の利益を求め続ける生き方とは何なのであろうか。

ぼくらは、長い歴史の中で繰り返されてきた「亡国ニ至ルミチ」からもう別れなければならない。一つ一つの「生命（イノチ）」を大切に、地域コミュニティを細胞として蘇らせ、共に生きていく生き方へとハッキリと方向転換をしなければならない時期に来ているように思う。

前にも書いたが、ぼくらの住むこの田谷の町に、今巨大な高速道路計画と、その建設計画が進んできている。

田谷の町は、文字通り「田んぼ（田園）」と「谷戸《やと》」の自然豊かな地域である。この広大な田園と里山を全てつぶして高速道路が通ることになり、最も広大な田園には巨大なジャンクションが建つことになっている。

オリンピックまでには建設したいと工事も急ピッチになり、近隣の家も田も山も買収されている。次々と金網が張られ、「横浜環状道路南線予定地」と大きな看板が立ち、中には入れなくなっている。今まで一緒に暮らしていた同級生も知人も次々と土地と家を売却して、田谷の町を離れていく。遠くに引っ越していく人もいるし、県内の他の地域へ移る人もいる。

ぼくらの家も、この高速道路計画に入っているのだが、三〇名余の方と共に共同地権者となっても
らい売らないつもりでいる。

しかし、強制執行も決まり、五月二十九日に千秀センターを会場に、高速道路の説明会を行うという知らせが入った。

巨大な高速道路が、この田谷の町を走るようになると、地域が道路によって何分割もされてしまう。

ぼくらの家のすぐ側を一〇〇メートル幅の高速道路が走ると、生活道路はなくなってしまう。移動する市民の道路が消えてしまうことになる。

今度の説明会では生活道路のことも聞いてみたいと思っているのだが、これまでに打診したところでは、まだ決めていないという返事だった。

地域の人たちが地域の中を行き来する道のこともまだ考えていない中で、巨大道路を作るというのだ。

ぼくらが千秀センターへこれから行くのにも、大廻りをしていくか、どこかにトンネルを掘るしかないと思う。

避難道路もキチンとしないで原発をつくるのと同じ発想である。

ぼくらは田中正造が百年前に訴えた思いをシッカリと胸に、地域コミュニティこそ、ぼくらの「国（クニ）」であるとして、動植物、土や水や岩や虫たちと一緒に声をあげていくつもりでいる。

「キョウヨウ」と「キョウイク」のある町

ぼくは長生会に入り、いろいろな人と顔を合わせ話すことが多くなった。そして確かに考え方も違うことも多いけれど、この地域に一緒に住んでいることは間違いない。

さらに誰もが自分の身体のこと、子どものこと、孫のこと、そしてこの地域のことを気にしているし、大切に思っていることがよくわかる。

この地域コミュニティで生まれ、一緒に住み、そしていつか死んでいく。だとすれば今出会っている人、今一緒に暮らしている人と仲よくやっていきたいと思っている。

もしも一人だけで、山の奥にでも住んでいたら、不安でならないだろうと思う。

一緒にいるから「お互いさま」「おかげさま」と互いに支え合い、声をかけ合って生きられる。

吉野弘という詩人に「生命は」という詩がある。

生命は
自分自身だけでは完結できないように
つくられているらしい
花も
めしべとおしべが揃っているだけでは
不充分で
虫や風が訪れて
めしべとおしべを仲立ちする
生命は
その中に欠如を抱き
それを他者から満たしてもらうのだ
世界は多分

他者の総和
しかし
互いに
欠如を満たすなどとは
知りもせず
知らされもせず
ばらまかれている者同士
無関心でいられる間柄
ときに
うとましく思うことさえも許されている間柄
そのように
世界がゆるやかに構成されているのは
なぜ？

花が咲いている
すぐ近くまで
虻《あぶ》の姿をした他者が
光をまとって飛んできている

私も　あるとき
誰かのための虹だったろう
あなたも　あるとき
私のための風だったかもしれない

この詩を読んでいると、本来の自分、もともとの生きものに戻っていけるような気がする。いろんな人と出会い、いろんな出来事や、動植物や風景、自然と出会い、それがみんな自分の中で融け合わされて、ぼくになっている。だとすれば、ぼくはぼくの出会った全ての総和。ぼくはぼくであってぼくでない。

そんな気さえしてくる。だからこれからもいろいろな人と出会い、さまざまな出来事と出会い、ぼくも変わっていくような気もする。

日々出会い、交流し変化していく世界。

何かワクワクしてくるのだが、そんなことが日常的に起こるのも地域コミュニティだという気がする。

だとすれば、地域で出会って、何かを誰かのためにすることができること、それが暮らしだという気もする。

三月に福島の郡山と、宮城の仙台へ行ってきた。郡山市の中小企業同友会の方々が、郡山の子どもたち、青年たちが家の中にとじこもって、中々外に出て自由に動けなくなっている現状を変えようと「郡山の未来を創る会」と「NPO法人キャリア・デザイナーズ」をつくり、さまざまな交流を続けていた。

仙台市では、ロシナンテスというボランティアグループが五年間、地域の方々と一緒に活動を続け、三月末で一応の終了をするということで解散式があり参加した。

そして、そこで人間が生きていく上で、二つのことが大事なのだと教えてもらった。

今、東北で、一つの言葉が流行しているというのだ。

それは「キョウヨウ」と「キョウイク」の大切さ。「教養」と「教育」のことかと思い、聞き返してみたら、そうではなかった。「キョウヨウ」とは、「今日、用」事があること。

つまり、今日用事、やることがあるということなのだというのだ。

何もすることのない一日ではなく、やること、仕事があることなのだという。

人間にとって、誰かのためにやれることがあること、何か用事があることは、とてもうれしいことで、生き甲斐につながるというのだ。

用事があり、それをすることで誰かに喜んでもらえる。そんな一日一日でありたいということだった。

そして、もう一つは「今日、行」くところがあるということ。行くところ、訪ねて行くところ、みんながいるところ、待っていてくれる人がいること。

行くべき「居場所」があるということは、自分の存在する場があるということでもある。

その二つがある時、人は元気になり、生きようという意欲がわいてくるのだという。

したがって東北では「キョウイクとキョウヨウのある地域づくり」をしようというのが合言葉だというのだ。

この言葉は、ぼくの心にとても快く響いてきた。

そして、その意味は地域コミュニティが生き生きと存在していることなのではないかという気もしてきたのであった。

ぼくは前にも書いたけれど、地域コミュニティが生き生きしていくためには、自然との関係がその背景にあるような気がしてならない。

人間はドンドン自然から離れてしまったけれど、自然と一緒にいる時が一番安心だし安定すると思うのだ。だから自然を壊さず、自然の中にいる必要があると思っている。

そして、人間の中で一番自然に近いのが、子どもと高齢者、そして女性だと思う。特に子どもは自然そのものだし、高齢者も自然にもうすぐ還っていくので、自然に近い。

したがって、子どもと高齢者がユッタリ、生き生きしていると、ぼくらも自然になれるという気がする。

そのためには、保育園、幼稚園、小・中学校が地域コミュニティとつながっているといい。

特に高齢者ともつながってほしい。

田谷長生会は、これから千秀小学校の子どもたちと見守り隊活動を通して、学校の内でも外でも子どもと友だちになっていきたい。そして子どもと高齢者がつながっていく回路をつくり出し、共に生きていく地域づくりをしたい。

＊ぼくはつい最近（二〇一六年十月）、岡山県の津山市に行き、地域活動をしている方々との交流会に参加した。

その中で、この町では「じば子の会」があると聞いた。何かと思ったらおじいさん、おばあさんと子どもの会というのだという。

高齢者と子どもたちの家ができ、地元の大学生なども参加して日常的な繋がりが始まっていることを知った。

子ども、高齢者、そしてその世話をする人が地域づくりの主役なのだと、その話を聞いて思った。地域コミュニティは、そこに住む人が主人公なのだとあらためて感じた交流会であった。

十六、自主講座、自由大学の思想

自分が学びたいことを学ぶ

二〇一六年五月二十九日に、一年余りの準備期間を経て「泰山塾」が開塾する式典が行われた。この日は、まず「泰山塾」の規約を読み合わせ、最終的な意見を出し合い、その内容と目的を確認することになった。

その上で、事務局長を担当することになった須田大輔さんが中心となって作り上げられてきた「開塾宣言」が紹介され、全員の拍手で確認されたのであった。

その中には須田さんの個人的な思いも書き込まれていた。

「私は今、遠く北は北海道で学び、また南の果ての沖縄で学んだひとりの人間としてこの場に立たせていただいております。

高校時代は北海道・北星余市高校、また大学時代は沖縄・沖縄大学という場所で学ぶ幸を得ました。

北と南の果てではありながら、それぞれの学校に共に共通して言えるのは、〈生徒の主体性〉を重んじ、また〈自ら学ぶ機会を得る〉という姿勢に他なりません。

そして、それらは同時に沖縄大学の諸先生方の求め、念願とするところと重なるところでもありました。

沖縄大学の諸先生の念願でもあった〈自主講座〉という形をひとつの柱として据えようというのもその先生方の志を受け継いでのものであります」

そして高校や大学を卒業した若者たちが出合う現代の社会はどのような状況になっているのかを、開塾宣言ではこのように述べている。

「原発問題、沖縄の基地問題、遅々として進まない東北の被災地の復興や、また新たなる熊本の被災地の現状……、我が国が抱えている諸問題はまさに山積みであります」

さらに、現代の日本では毎年三万人近い人々が自殺するという現実がある。

「それだけの自殺者を出す我が国は〈精神的内戦状態〉と言っても過言ではないのではないでしょうか」

こうした社会状況の中で「泰山塾」と命名した学びの場を作ろうとしたのである。

「〈泰山は土壌を譲らず、故に能くその大を成す〉という意味を込めての命名です。〈泰山塾〉に関わる全ての人々に対して救いとなりサポートとなりシェルターとなる、我々はその覚悟を以って、国破れた後に残る山河の一つの姿として、敢えて〈泰山塾〉という看板を掲げました」

このような時代だからこそ、私たちは後生に誇れるような理想を掲げたい。

そして、その実現に一歩でも近づくものでありたいと考えている。「〈愚公山を移す〉、我々ひとりひとりが抱えられる土塊はそう多くはありませんが、そうして持ち寄った土地を少しずつ、そして確かに受け止めながら〈泰山塾〉も〈山〉としての形を成していければと願わずにはいられません」

そして最後に、〈泰山塾〉の基本的姿勢は「た問自答」であると確認している。

「〈た問自答〉の〈た〉とは〈多〉くの問いであり、また〈他の人間の問い〉でもあります。複眼的な視野を持ち〈多く〉の諸問題から目をそらさずに自分の答えを見つけること、そして〈他人の問題〉を自分のことのように捉え、そのひとつひとつに自分たちの出来る範囲で答（応え）ていくという意味でもあります。我々個々人が持つ問題は同時に我々の共通の問題であり、それは翻ってこの国の問題でもあるはずだと感じたからでもあります」「我々がお互いに〈た問自答〉の精神をもって諸問題に取り組む姿勢が、そして〈問い続けること〉をやめない姿勢こそが本来の〈学問の姿〉であり、また人間の本来在るべき姿なのだと信じてやみません」

須田さんの熱のこもった「開塾宣言」の後、少し休憩し懇談をして、この会の代表者とさせてもらったぼくからの報告をした。

テーマは「自主講座・自由大学の思想〜自ら学び、共に学び合うために〜」とした。

これまでのぼく自身の人生をふり返ってみると、何をするにしても仲間と一緒に学び合い、語り合ってきたことが基本になってきている。例えば、大学を卒業してすぐに始めた小学校の教員時代には、卒業したばかりの新卒の若い教員が集まり、毎週土曜日に行っていた「新米教師の会」というのがある。

新卒の教師だからこその悩みや、感じたことをそれぞれに出し合い、どうしたらよいかを考え合い意見を出し合う集まりだったが、とても楽しく有意義であった。

同じ条件の中にいる仲間なので、そのままの気持を話せたし共感してもらえた。

この経験が職場での職員同志の交流学習会に発展したし、先輩の教員とも一緒に学び合う学習会への参加ともつながっていった。

そして、仲間や先輩と共に読書会をしたり雑誌をまとめて実践記録を書いたりもした。

やがて、こうした学習会の中からもう少し「子ども」や人間の「行動」について深く知りたいと考えて、児童文学者や心理学者、文化人類学、民俗学、経済学などの研究者や作家などの学習会や交流会にも参加するようになり、教室の中だけの狭い教育や生徒という枠から自由になり、子どもや人間の成長などに関心が深まっていくことになった。

やがて教師を辞め、日本列島を旅しながら、暮らしの場を歩きつつ、「生活共同体」と子育ての問題に関心をもつようになり、横浜の寿町や東京の山谷、大阪の釜ヶ崎などで暮らす人々とそこでの子どもについて知りたいと考え、相談員として仕事をしながら、児童相談所や寿生活館で、子どもと出会い、さまざまな家庭とも関わることになった。

その時にも、同じような現場で働く人々（仲間）と学習会をもち、その交流をさせてもらった。「公的扶助研究会」「全国児童相談所問題研究会」などは現場で働くソーシャルワーカーと研究者が一緒になって、日頃ぶつかり抱えている問題を話題として提出し、考えさせられる学習交流ができたことを懐かしく思い出す。

そして実践の場に二十五年ほどいた後、思いもかけず大学の場に身を置くことになり、そこではじめて社会臨床という学び方を知ることになった。直接に当事者（人）と会い、その人の暮らす場（現場）

に行き、体験を共にしながら現実の課題をつかんでいく。

その上で、その課題の本質や問題を見つけ出し、解決方法を考え実践していくこと。

それが学ぶことだと感じるようになり、大学では「演習（ゼミナール）」が最も楽しく役に立った。

その上で、自分たちが学びたいこと、関心のあるテーマを掘り進めるために、現場を訪ね、当事者に大学に来てもらい交流するという「自主講座」が生まれてきた。

この学び方は、横浜市立大学でも、後に赴任した沖縄大学でも変わらなかった。

ぼく自身の大学経験は、横浜市立大学と沖縄大学、そして長く非常勤講師をしてきた和光大学だが、この三つの大学に共通するのは「自分が学びたいことを学ぶ」〈自主講座または自主学習〉を中心においていることと、「共に学び合うこと」〈相互学習〉を大切にしていたことである。

そして和光大学は、教育学者の梅根悟さんが実験大学を目指したように、既成の大学の枠を越えていく魅力があった。

その一つが「移動市民大学」という構想であった。大学を離れて、さまざまな場を大学として、そこで地元（現地）の人々と一緒に学び合うという実験であった。

また沖縄大学では、新崎盛暉さんが東京大学の宇井純さんを迎えて「地域研究所」をつくり、地域と大学とをつなげ、現実の暮らしと学問を交流させた実験とも重なっている。

宇井さんは、沖縄大学の基本精神は、「自主講座」であると言っておられた。

鎌倉アカデミアの学び

横浜市立大学は、医学部、商学部と並んでぼくが赴任した頃には「文理学部」という学部があった。そして、この文理学部の前身は「鎌倉アカデミア」という自由な学びの場であった。戦争が終わってまだ間もない一九四六年五月十三日、鎌倉の光明寺を仮校舎として小さな大学校がスタートした。

これが「野散《のざん》の大学」とか「寺子屋大学」と呼ばれ、その後、伝説的に語り継がれてきた大学校である。

一九四五年の秋頃に、鎌倉文化協会が中心になって「鎌倉山に大学をつくろう」と考え、鎌倉の文化を考える画家、音楽家、演劇人、宗教家、町内会長らによって組織されたグループによって活動が始まった。

そして鎌倉に教育文化都市を目指して「新しい大学」をつくる計画が生まれたのだった。

創立準備委員会のまとめた趣意書にはこのように書かれていた。

「これからの教育は、自分の頭で考える人間づくりにある。教育に携わる人物は、思想的には唯物論者か、それに近い考え方をもち、大胆に思い切った教育を進める野人の中から選び、これまで学校教育で手を汚した人は避ける。学校は寺子屋でもいいから、文部省の中央集権的な教育統制は無視すべきである」

そして当面の開設科目は、産業科、文学科、演劇科そして本科（大学予科）の四つ。募集人員は各科五〇名であった。

仮校舎となった光明寺は、浄土宗の大本山である。光明寺の境内は広く、その中の開山堂を仮校舎としてスタートしたのであった。

初代学校長は、日大芸術学部講師だった飯塚友一郎さんが選ばれている。

そして、産業科長は三枝博音（哲学者）さん。

文学科長は林達夫（評論家）さん。そして、演劇科長は村山知義（演出家）さんが決まり、教授陣と学生たちは伸び伸びと交流し、学び合うのだが、正式の大学ではなく、また財政的な不安もあり、せっかくの鎌倉大学校への夢は先行きの見えない状況が続いてしまった。

そこで、教員と学生たちは相談し、二代目の学校長に三枝博音さんを選び、再起を期すことになった。

二代目の学校長となった三枝さんは、次のような学校のイメージを掲げ、学生たちに呼びかけている。

「わたくしが楽しいというのは、その雰囲気の中にいるのが好ましいという意味である。

自分が何か問題をもつときは、すぐにそこに駆けつけたい。自分が自信を失うような時は、すぐに出かけて行きたい。

そこでは自分の意見をとりあげてくれ、普遍化してくれる。

そこでは自分の不信や自分の虚脱をとりあげて、その原因を究明してくれ、自分だけのものでないことを明らかにして、新しい希望をもたせてくれる。

そういう時、相手になってくれる人が先生の中にも居れば、学生の中にもいる。……研究会は大小つねにもたれる。

本を読むことは飯を食うようにする。……

そういう学園を、わたくしは楽しいところだといってみたのである」

このように内容的には実に楽しく充実したものであったのだが、一九五〇年九月十日、鎌倉アカデミアは財政的な見通しがもてず、廃校となってしまったのである。

後にこの鎌倉アカデミアを過ごした教員や学生たちは、廃校を惜しんで文章を寄せているが、その中には次のようなものがある。

「どうしてこんなにも強くわたしの心をとらえるのか。それは、ここではカミシモを着ることなく、また何の力関係にもわずらわされることなく、人間同士がつき合えるという点に、すべてが帰着するようである」「いってみれば学校があるから教師や学生がいたのではなく、教師や学生が集まっているから学校という場が必要だったというような感じであった」

こうして、敗戦後の鎌倉で始められた学びの場、鎌倉アカデミアは、わずか四年半でその活動を終了するのだが、その影響は大きく、関わった人々のその後の人生を変えたと言われている。

そして、鎌倉アカデミアにおける教育実践の成果と基本思想は、その後新しく発足した横浜市立大学文理学部にひきつがれたと言われている。

横浜市立大学文理学部は一九五二年に設立されているのだが、この教授陣には鎌倉アカデミアの教員が多く配置されている。

例えば、文理学部長となった三枝博音さんはじめ、早瀬利雄、田代三千稔、西郷信綱、加藤衛といった名前が並んでいる。

そして三枝博音さんは、鎌倉アカデミアでやりたかった夢を、新たな大学の中で実現しようとしていたのである。

後に横浜市立大学の学長となる三枝さんは、このように書いている。

「封建時代には親のために学び、国主のために学んだ。次には国家のために学んだ。しかし私たちの時代、私たちの社会においては市民の各自がまず何よりも自分自身を教養的完成へもっていくために知識と技術を学ぶのである。……私自身の人格の自立ができればできるほど、それは社会的なのである。これが現代に生きる人間の最後の救いである」「知るだけではだめだと思う。もちろん知ることはひとつの基盤であって貴重このうえない。しかし、大学のなかでは実践的な体験ということでは足りぬところが大いにあるとせねばならない」

こうした伝統のある大学でぼくは教師をさせてもらった。

その体験と歴史がぼくの中で息づいており、学びの場を暮らしの中につくりたいという夢になって膨らんでいるのである。

学びあい、つながりあっていくこと

昨年（二〇一五年）七月、ぼくは作家の小田実さんの没後八周年の集会に参加させていただき、戦後七十年と小田実さんの生き方、文学などについて話す機会を得た。

以来小田実さんの生き方について考えることが多くなったのだが、今年（二〇一六年六月十二日）に第八八回「小田実を読む」の関西での集まりに参加させてもらうことになり、芦屋市の「山村サロン」で沖縄論について話させてもらった。

小田実さんは一九三二年六月、大阪市で生まれ、一九四五年八月に大阪大空襲を体験している。そして小田さんは焼け跡の中に無数の死体を見ることになる。「ぼくがいやなほど見た死体は、物体であったし、つまり焼け跡の中に転がった無数の死体でしかないのです」と小田さんは書く。

そして「難死の思想」を紡ぎ出していく。

大阪大空襲での市民の死は、戦場での死とは違うと小田さんは考えた。

戦場の死、例えば特攻隊の人たちの死には、大義とか理念があった。

自分の死は「公」の為に死ぬのだとか「天皇陛下の為に」とか「日本の為」「将来の日本の為に」というような理念があった。

しかし、空襲で逃げまどっている人たちの場合には、そういう理念は全くない。

全く虫けらと同じように殺されていく。

自分と公とを繋ぐものが全くないままの、意味のない死がそこにある。

それを小田さんは「難死」と呼び、その体験と一九九五年一月十七日の阪神淡路大震災とが重なっていった。

阪神淡路大震災を西宮市で体験した小田さんは、大阪大空襲の記憶とが重なっていく。

国は被災した市民に何の支援もせず放棄していく現実を見て、富国強兵と経済大国を目指す日本が、市民を見捨て棄民する姿がハッキリと見えてきたのであった。「富国強兵」のため、また「経済大国」のために一般市民は「貧民」となり、さらには「棄民」となり、その果てに「難死」へと追い込まれていく。

この構図が一気に見えてきた小田さんは、「市民救援基金」を立ち上げ、一九九六年五月に「市民=議員立法」運動を始め、一九九八年五月に「被災者生活再建支援法」を成立させる運動の先頭にたった。

小田さんは一九五八年、フルブライト留学生としてハーバード大学大学院に留学。

その後、アメリカ合衆国、メキシコ、ヨーロッパ、中近東、アジア各地を旅して帰国。

その体験を『何でも見てやろう』にまとめて出版しベストセラーになる。

その頃(一九六一年)大学生であったぼくは小田さんの、この本を読んでいる。

一九六五年には、「ベトナムに平和を!　市民連合」(べ平連)に参加し、反戦運動、平和運動のリーダーとして活動している。

その一方で、市民の人々と学習会を始め、毎月一回、読書会を続けてきた。

二〇〇四年には、日本国憲法を守るためにつくられた「九条の会」の呼びかけ人となり、「良心的軍事拒否国家日本の会」をつくり、活動も始めている。

小田さんが胃ガンのため亡くなったのは、二〇〇七年七月三十日。七十五歳であった。

しかし、その後も小田さんが参加して行われてきた読書会は継続され、「小田実を読む」会として毎月行われてきたのであった。

その第八八回の息の長い学習会にぼくは参加させてもらい、沖縄の現状について話させてもらったのだが、参加者はごく普通の市民の方々であった。

毎日を自分たちの力で生きながら、現実を見つめ、国家に頼るのではなく、市民自身の力で暮らしを変え、生きていこうとしている人々であった。何よりも現実の生活をシッカリと見つめ、共に生き抜いていこうとする姿勢をもっている方々であった。

小田さんは、よく海外に出かけたり、国内を歩いていたのだが、この学習会にはほとんど休まず参加していたという。

時には人数が少ない時もあったが、今考えていること、感じていることを一生懸命に話し、そして一人ひとりの参加者の話を聞いていたという。

そして、まず自分はどう感じたのか、どう考えたのかを話し、違う考え方があればどうしてなのかをわかろうとしていたという。

人間は日々の暮らしの中から自分の考え方をつくっていく。したがって話し合うということは、暮らし方そのものを語り合うことになる。

それが民主化だと小田さんは考えていたのだと思う。自分で考え、共に学び合い考え合う、その方法で対話が行われたという。

小田実さんのモニュメントと文学碑が、今年（二〇一六年）の六月五日に、芦屋市の高齢者福祉施設「あしや喜楽苑」の敷地に建ち、その式典が行われた。そこには「古今東西 人間みなチョボチョボや」という文字が刻まれていた。

この文章は、小田実さんの著作『西雷東騒』（岩波書店）からのものである。

「人間は本来、おたがい、対等、平等、自由に生きている。英雄、偉人がいても英雄、偉人ではない。ときにはタダの人になる。

逆に、タダの人がときには英雄、偉人顔負けの偉業をなしとげる。〈老いる〉ことで決定的なのは、誰しもが〈人間みなチョボチョボや〉のただの人になることだ」

小田さんらしい言葉だな、と思った。

今、日本社会は、二〇一三年に特定秘密保護法が成立し、二〇一四年に集団的自衛権を使えるようにするため、憲法解釈の変更が決定してしまった。

そして二〇一五年九月十九日には、安全保障関連法が強行採決され、二〇一六年四月一日の閣議で「憲法九条は、一切の核兵器の保有および使用を禁止しているわけではない」という答弁書を決定している。

小田さんが心配していた「棄民」から「難死」へ進んでいくようで、これからの一日一日が益々大切になってくると思える。

ぼくは、関西でこれからも続いていく日常的な学びの場と出会えたことで、それぞれの場でシッカリと日々の暮らしと向き合い、学び合い、つながり合っていく試みを続けていくことの大切さを確認している。

そして、第一回の「泰山塾」も六月二十六日の午後、横浜市立大学の多目的ホールで行うことになった。

テーマは「現代における学びとは何か～学ぶことと生きること」となっている。

暮らしと学び合いを繋ぐこうした場が無数に生まれ、新たな活動が生まれることを夢見て。

十七、次の世代に繋ぐこと

国民一人ひとりが主役の社会へ

二〇一六年七月十日の参議院選挙が近づき、憲法改正の動きもありうる大切な選挙となるので、多くの人に投票してもらい、これからの時代の方向性を見守ってもらいたいと思い、横浜でも野党共闘を軸とした「市民連合」の動きが始まった。

何回かの準備会がもたれ、立憲主義と基本的人権と平和を守るため、その考え方で一致する野党の議員を応援しようということになった。

立憲主義とは現在の憲法（九十九条）の「天皇又は摂政及び国務大臣、国会議員、裁判官その他の公務員は、この憲法を尊重し擁護する義務を負ふ」という内容を守るということである。

つまり、憲法を守る義務があるのは、国の代表者や国の仕事をする人（公務員）であり、国または国家権力であるという考え方である。

ところが、自由民主党の発表した「日本国憲法改正草案」（二〇一二年四月）には「全て国民は、この憲法を尊重しなければならない」（百二条）と改正されているのである。

この条文は、立憲主義を逆転させたもので、憲法を守るのは国民であり、守らせ取り締まるのは国（国家権力）であるとなっている。

現在の憲法の考え方は「国民が国の主役である」というもので、一人ひとりの国民が考えていること、望んでいることをもとにして国のあり方、方針がつくられていくという考え方である。ところが、改定草案の内容は「主役は国で、国民は国の一部分である」ということになり、国民主権を縮小し、抑えていくことになっている。

しかし、立憲主義というのは、国家権力が暴走し、国民を抑圧しないように、国民の側が国のあり方を見つめ、憲法を守っているかどうかを判断し、監視していかねばならないということになる。ところが、自民党の改正案は立憲主義から逸脱し、国民主権から国家中心主義へと変質してしまう危険があるのであった。

もし与党が多数を占めれば、国民主権が縮小されていくのではないかという不安がぼくにはあった。

そこで、この市民連合の活動に参加し、何回かの市民集会も行い、他の方々と一緒に共同代表として発言もしてきたのだった。

そして、いよいよ参院選が始まったのだが一人区を除いては野党共闘が必ずしもうまくいかず、何人かの野党候補が立つことになり、得票が分裂してしまうことになった。

それでも、一人でも多くの人に投票に行ってもらい、自分の思っている人に票を入れてほしいと思い、七月三日には戸塚駅前で「投票に行こう」の呼びかけを多くの市民と一緒に行ったのであった。

時代が大きく変わってしまい、生きにくい社会になってからでは遅いので、今、一人ひとりが声をあげ、意志表示をしてほしいという呼びかけであった。

この日、小さなビラには「子どもは保育園に入れる、学びたい若者には学費支援があり、お年寄りは幸せを感じられる、そんな社会をつくりたい」という文章と、俳優の吉永小百合さんのメッセージ「今、私たちはしっかり考えて行動しなければいけない時です。戦争をする国になってはいけない。憲法九条を守って、武器ではなく対話で平和な世界を作っていきたい。私は強くそう思います。初めて選挙権を持つ十代の皆さんもぜひ投票して、あなた達の思いを考えを一票に託して下さい」(「関西市民連合」二〇一六・六・十二)を引用して載せた。

そして、マイクを握ってぼくは「私たち一人ひとりの声で政治を変えよう、暮らしを変えよう」というプラカードを掲げて投票に行くように呼びかけをしたのだった。

ところが、この日の市民連合(横浜西部)の呼びかけ行動は、三十分余りで中止されることになった。ぼくらが行動して間もなく区の選挙管理委員会の方々が来て「チラシ配布をやめるように」と警告に来たのである。

その理由は、「選挙に行こう」だけのチラシであれば問題はないが、吉永小百合さんのメッセージは政治的主張であり、そうしたものを載せたチラシは公選法に反する。「子どもは保育園に入れる……そんな社会をつくりたい」も政治的主張ともいえ、限りなくグレーな表現である。

そして、こうした諸点については、選管に政治団体、確認団体、区民住民から意見が寄せられており、選管としても動かざるを得ない、ということであった。

もともと公示後の選挙期間中の活動は、確認団体はその適法活動が規定、規制されており、それ以外の団体、個人の活動は選挙活動と紛らわしく、今回の行動は限りなくグレーに当たるとのことであった。

こうして、七月の熱い参院選の時期が終了し、七月十日の投票日を迎えた。

ぼくら夫婦は午前八時過ぎ、近くの小学校の体育館へ行った。

顔見知りの方々と会い、会場へ。久しぶりの地元での投票場。町内会（自治会）の役員の方々が見守り役で座っている。

今回は選択肢が多くて、どちらかと言えば当選が可能な人の方に入れざるを得なかった。

せっかくの投票が死に票になってしまうのもつらいなァという思いからであった。

その日の投票の締切りは午後八時、心配していたのだが投票率は五五パーセント余り。

十代の投票率は四五パーセントほど。棄権するということは、現在の政治そのものへの不信感とも受け取れるので、政治への批判票とも考えられるのだが、現実の政治は選挙の結果で動いてしまうことになる。

ぼくは主にラジオの選挙速報と解説を聴きながら雑用をしていたのだが、開票が始まるとほぼ同時に当選確実が次々と出るのには今回も驚いた。

そして夜半には、改憲勢力と言われる、自民、公明の与党と、改憲に賛成の党も加えると憲法改正が可能になる三分の二以上の得票数を獲得したことが判明した。

後に、無所属から自民党に移籍した人が何人か出て、自民党だけで衆、参どちらも三分の二を獲得したことが分かった。

こうした結果が出た以上、憲法の改正はいよいよ現実の問題となり、これからはどのように変えるのか、何が変わるのかという日本の戦後史の上では大きな転換期が間違いなくやってくることがハッキリしてきた。

けれども、現実に厳しい課題を抱えているいくつかの地方自治体の結果を見ると、全国的な結果とは異なった状況も生まれていた。

それは一人区の沖縄県と福島県の結果である。沖縄県は、沖縄県担当の現職の大臣が一〇万票以上の差をつけて破れ、立憲主義、基本的人権、平和を基本にした候補で、基地建設反対を訴えた伊波洋一さんが当選した。

同様に、福島県でも原発事故と大地震による災害の中で、人々の暮らしを守ることを第一にした野党共闘の議員が誕生した。

少なくともこの二つの県では、県民の一人ひとりが自分たちの暮らしと向き合い、今のままでは駄目だと思い、新たな政治への期待を込めて投票したのだという気がする。

三二あった一人区では、与党が二一、野党共闘が一一であったが、今までになかった争点の明確化がこうした結果を生んだのだと思う。

とにかく日本の国民が選択した結果は出て、日本の政治は新たな段階に突入することは間違いないのだが、現在の憲法は、今も日本の最高法規であり、主権在民（国民主権）の理念を基本に日々の生活は行われていかなければならない。

ぼく自身は、もう一度、ぼく自身が生まれた直後に制定され、その後七十年近くぼくらの社会を支え、暮らしをつくってきた日本国憲法を読み直し、日常生活の中でどのように活かされているのかをシッカリと見つめ直したいと考えている。

『あたらしい憲法のはなし』の世界

参院選が終わって、与党は安定多数を確保し、その政策が拡大していくことになった。

経済政策では、アベノミクスの柱である成長戦略に力が入れられ、ＩＴや人工知能（ＡＩ）を活用して産業を高度化する「第四次産業革命」が進められるという。

ロボットの技術開発や自動運転車の開発。

そして日銀の金融緩和と財政出動。そのため二〇兆円を支出するという。

一方、社会保障では、消費税率一〇パーセントへの引き上げを再延長したので、公約していた対策が大幅に縮小されることになる。

低年金者約八〇〇万人に年六万円を基準に配る給付金や、低所得の高齢者約一一〇〇万人が対象となる介護保険料の軽減拡充は先送りになる公算が大きいという。

保育、介護職員の給与アップもどうなるか不安になっている。

さらに医療、介護分野では給付抑制や負担増、さらに車イスなど福祉用具の利用や住宅改修についても原則自己負担への変更が検討されている。

また安全保障関連では、安全保障関連法の本格的な運用に乗り出す方針だという。

自衛隊の新たな任務で、すぐ始まるのが⑴国連平和維持活動（ＰＫＯ）に参加する自衛隊員が武器を使用して国連要員らを助ける駆け付け警護。⑵ＰＫＯでの他国軍と共同で行う宿営地の防衛。⑶平常時からの米艦防護である。

おそらく、米軍と自衛隊との共同訓練も日常的に日本各地及び海外で行われるようになる。

こうした流れを見ていると、巨大産業と軍事には次々と予算がつぎ込まれていくのに、ぼくらの生活を支えるための予算は、逆にドンドンと削られ、また医療や福祉、教育への活用のための負担金は上がっていくという、極めて不平等な事態が進んできている。

そんな中で、東京都の知事選挙が始まった。

与党からは二人の候補者が立候補し、いわば分裂選挙になる構図となったのだが、野党の中での意見が中々まとまらないように見えた。

与党の側からは、元防衛相、環境相であった小池百合子さん。そして、元岩手県知事、総務相の増田寛也さん。

どちらも政治家としての経験のある著名人である。果たして野党はどうなるのかと思っていたところに、公示直前になって、元日弁連会長の宇都宮健児さんと、ジャーナリストの鳥越俊太郎さんが立候補された。

野党も分裂するのかなァと心配していたのだが、宇都宮さんと鳥越さんが話し合い、鳥越俊太郎さんで一本化することが決まった。

鳥越さんは一九四〇年生まれの七十六歳。

ぼくより一歳年上の方である。

福岡県出身で京都大学を卒業後、毎日新聞に入社、『サンデー毎日』の編集長もされた後、テレビのニュースキャスターとして活躍されていた。

六十歳の後半にガンで手術をしたりして大変だったが、現在は健康とのこと。

鳥越さんは、『東京新聞』のインタビューに答えて次のように話していた。

「私は、戦後の平和と民主主義の教育の中で育ってきた第一期生」「私は昭和十五（一九四〇）年の生まれ。空襲も、防空壕《ごう》に逃げ込んだことも、よく記憶している」「改憲勢力が三分の二を占めた参院選の結果を受けて翌十一日夕に出馬を決意した」

そして、そのインタビューは次のようにしめくくられていた。

「会見では行政の経験がないことを問われたが、「誰でも経験がないところから始まる。どれだけ誠心誠意、対処する気持ちがあるかだ」と強調。特に介護や育児の問題に強い関心を示し、「十年、二十年先を見据えた一手を打つことが大事。他の金を削ってでもここに注ぎ込みたい」と語った」（『東京新聞』二〇一六・七・十三）

ぼくには鳥越さんが同時代の人だということも含めて、不思議な安心感と共感が湧いてくるのを感じた。

ぼくらの世代が生まれてすぐに日本は第二次世界大戦に突入した。

そして徐々に戦局は厳しくなり日本各地に空襲があり、福岡にも横浜、東京にも大規模な爆撃があり多くの市民、子どもが亡くなった。

おびただしい人々の死去、それをぼくらの世代は実際に見ている。またケガをしたり、負傷していた兵隊や市民も数多く見てきた。

もう二度とこのような戦争はしたくない、やってはならないという実感と体験をもって育ってきた。

そして、まもなく成立した日本国憲法を空気のように感じながら育ってきたのであった。

そして、当時の中学一年生にむけた文部省のテキスト『あたらしい憲法のはなし』(一九四七年)を学んできた。

「いまやっと戦争はおわりました。二度とこんなおそろしい、かなしい思いはしたくないと思いませんか。……戦争は人間をほろぼすことです。世の中のよいものをこわすことです。……そこでこんどの憲法では、日本の国が、けっして二度と戦争をしないように、二つのことをきめました。その一つは、兵隊も軍艦も飛行機も、およそ戦争をするためのものは、いっさいもたないということです。これからさき日本には、陸軍も海軍も空軍もないのです。これを戦力の放棄といいます。放棄とはすててしまうことです。しかしみなさんは、けっして心ぼそく思うことはありません。日本は正しいことを、ほかの国よりさきに行ったのです。……もう一つは、よその国と争いごとがおこったとき、けっして戦争によって、相手をまかせて、じぶんのいいぶんをとおそうとしないということをきめたのです。おだやかにそうだんをして、きまりをつけようというのです。

なぜならば、いくさをしかけることは、けっきょく、じぶんの国をほろぼすはめになるからです。

また戦争とまではいかずとも、国の力で、相手をおどすようなことは、いっさいしないことにきめたのです。これを戦争の放棄というのです。そうしてよその国となかよくして、世界じゅうの国が、よい友だちになってくれるようにすれば、日本の国はさかえていくのです」

あの世界中をまき込んだ戦争の中で、私たちの先輩たち、親たちの世代、教師たちは、この『あたらしい憲法のはなし』を一つの理想としてぼくらを育ててくれたのだと思う。

激しく生き抜いていかねばならない現代社会の中で、こんなことを考えていたらとても暮らすことができないという人も多いと思う。

しかし、あの戦争が終わってから七十年余、日本はこの憲法をシッカリと守り、一度も戦争はしてこなかったし、他国を攻撃し市民も兵士も殺すことなくやってこれたのである。

鳥越さんが立ち上がった姿を見て、ぼく自身も日常生活の中で、戦後民主主義世代の第一期生として、できることを精一杯やりたいし、子や孫へ安心できる社会を守り続けたいと思った。

内なる声に耳を傾け、生き抜くこと

ぼくが勤めていた沖縄大学の卒業生、保良光美さんが、七月十七日に沖縄で結婚式をするというので、ぼくら夫婦は今（二〇一六年）、沖縄に来ている。

保良さんは、沖縄大学のこども文化学科で、小学校教師を目指していた。

しかし、同時に音楽も好きで、ライブをやったり作詞作曲してＣＤを出したり、当時からユニークな学生であった。

そして、在学中に応募した知名定男さんの「ネーネーズ」のメンバーに決定し、それから沖縄民謡のグループ「ネーネーズ」の一員として、舞台に立ち、歌い続けてきたのであった。

ぼくも仲間を連れて何度か音楽を聞きに行ったが、スッカリ雰囲気にも融け込み、聴衆の心をシッカリとつかみ、笑いと涙の中で、沖縄の心を伝える役割を果たしてきたのだった。

そして一年ほど前、原点である教師として生涯を生きたいと考え、グループを離れ、沖縄の小学校教師になったのであった。

ぼくらは久しぶりの沖縄行きなので少し早目にと思い、七月十四日の午後に那覇に入ったのだが、参院選の結果が出た直後の沖縄で大きな動きが起こっていることを知った。

今年の三月、辺野古の埋め立て工事について話し合いをすることにし、埋め立て工事を中断していたのであった。

それは、総務省の第三機関である「国地方係争処理委員会」が、国と沖縄県が争っていた辺野古の埋め立て工事について「協議」をするよう提案したこと。

また、福岡高裁の和解勧告に書かれていたのは、国、県双方が「円満解決」を目指すことであった。

それから約四カ月、参議院選挙で自民党、公明党の多数が当選した結果を得て、一気に状況が変化してきたというニュースであった。

「名護市辺野古の新基地建設を巡る訴訟の和解を受けて設置された県と国との作業部会で、国側が県を再提訴する可能性を示唆した。

和解条項に基づき中断している工事のうち、米軍キャンプ・シュワブ陸上部分の工事を再開する意向を示している。

三カ月ぶりに開かれた会合で明らかになったのは、裁判で早期決着を図り、埋め立て工事をできるだけ早く再開したいという国の姿勢だ」（『沖縄タイムス』二〇一六・七・十五）

今年一月、新基地建設を巡る代執行訴訟で福岡高裁那覇支部は「本来あるべき姿としては、沖縄を含めオールジャパンで最善の解決策を合意して、米国に協力を求めるべきである」という異例の和解勧告文を出し、協議が行われる予定であった。

この間、沖縄では県議会議員選挙、参院選挙が行われ、この二つの選挙では新基地建設に対する県民の意志が明確に出されていた。

こうした県民、県議会の意志を全く無視して、辺野古の新基地建設が、参院選の結果を受けて強行されようとしていることが明らかになった。

そして数日後の七月二十二日には、全国から五〇〇人規模の機動隊を沖縄に投入することが決定しているという。

また東村の高江周辺のヘリパット建設と、キャンプ・シュワブ陸上工事の再開も計画されており、それに抗議する住民・市民の活動を抑え込む準備もされているという。

話し合うのではなく、相手の思いや気持ちを受けとめ合うのではなく、一方的に武力や力でねじふせ従わせようというのは、ぼくらが身につけてきた「民主主義」とも「戦争放棄」とも全く反対の行為である。

国の決めたことに従え、というのは、国民主権や主権在民とは正反対の論理である。一人ひとりの声に耳を傾け、一緒に考えていこうという姿勢のない国家権力の恐ろしさを、沖縄でもまざまざと見せられている気がする。

ぼくはこれから、保良光美さんの結婚式へ行くのだが、南米のウルグアイ東方共和国の前大統領であった、ホセ・ムヒカさんの言葉を伝えようと思っている。ムヒカさんは、一九三五年五月にスペイン系の父と、イタリア系の母の間に生まれ、青年時代は政治権力と闘う活動に参加し、一九七二年から一九八五年までの十三年間、逮捕され獄中生活を送ってきた。

その後、政治家となり、二〇一〇年から五年間、第四十代ウルグアイ大統領であった。

二〇一二年のブラジルのリオ・デ・ジャネイロで開催された国連会議でのスピーチが世界中の人々に感銘を与えた。

ぼくが、保良さんの結婚式で伝えたいのは、このホセ・ムヒカさんの言葉のいくつかだ。

そしてそれは、戦後の社会の中で生きてきた、ぼくらの世代の共通の思いでもあると思っている。

「貧乏な人とは、少ししかものを持っていない人ではなく、無限の欲があり、いくらあっても満足しない人のことだ」

「人間のもっとも大事なものが〝生きる時間〟だとしたら、この消費主義社会は、そのもっとも大事なものを奪っているのですよ」

「人生ではいろいろなことで何千回と転びます。

愛で転び、仕事で転び、
いま考えている、その冒険でも転び、
実現させようとしている夢でも転びます。
でも、千と一回立ち上がり
一からやり直す力が、あなたにはあります」
（『世界でもっとも貧しい大統領ホセ・ムヒカの言葉』佐藤美由紀著、双葉社、二〇一五年）

ホセ・ムヒカさんは、ぼくより六歳上の八十一歳。

彼もまたぼくらと同じ世代だとぼくは感じる。

あの第二次世界大戦で亡くなっていった数千万人の人々の無念の思いを受け止め、それを受け継いできたぼくらの世代は、次の世代へと引き継がねばならない。

そして、最後にぼくの思いを、ぼく自身に向けても語りたい。「内なる声に耳傾け、やりたくないことはやらない自由をもち、好きな人と共に生きる人々と、ユックリと生きていきたい」

生きることを大切に、一緒に暮らす人々と、共に生きること、それがぼくらの原点だということを再確認している。

十八、もう一つの夏祭り

『どっこい！　人間節』の上映会

今年（二〇一六年）の夏もまた猛暑となった。三八度とか三九度などと信じられないような高温となることも珍しくない日が続いた。この暑さの中で、各地で盆踊り大会や夏祭りが行われている。ぼくの住んでいる田谷町でも、千秀センターの公園を会場にヤグラが組み立てられ、八月六日に盆踊りが行われた。

そんな中、横浜の寿町で第三八回目の「寿夏祭り」が行われることになった。

実行委員会の鹿児島正明さんから連絡があり、ぼくは本当に久しぶりに「寿夏祭り二〇一六」に参加することになった。

期間は八月十一日から十五日までの五日間。その第一日目にぼくも参加してほしいというのである。

そして届けられたチラシには八月十一日の企画「映画の上映とお話」について次のような文章が書かれていた。

「今年の寿夏祭りは初日に、一九七〇年代のドキュメンタリー映画『どっこい！　人間節』の上映会をひらくことになりました。この映画は、今年の春から建て替え工事が始まった、寿町総合労働福祉会館が出来た頃……、今から約四十年前の、寿の街と人々が映された映画です。そして、この映画をつくった渡辺孝明さんと、当時、寿生活館で働いていた野本三吉さんにも来ていただき、お話ししていただけることになりました。この映画とお二人のお話とともに、寿の夏祭りと仲間たちの思い出を、時をこえて、世代をこえて、よみがえらせたいと思います」

『どっこい！　人間節　寿・自由労働者の街』は、三里塚の戦いを記録していた小川プロダクションの作品である。

完成が一九七五年なので完成してから約四十年は経過していることになる。

当時、ぼくは寿生活館の職員で生活相談員をしていた。三十代前半の年齢であった。

この映画の監督・構成は小川紳介さんだが、実際に撮影、記録などの担当をしたのは小川プロのスタッフ四人であった。

撮影は奥村祐治さん。既に映像界では知られた方であった。調査と渉外を湯本希生さん、採録を渡辺孝明さん、そして撮影助手を原正さんの三人の若いメンバーがやっていた。

三人とも、まだ二十代前半であった。

最初にぼくを訪ねてきてくれたのは、渡辺さん、湯本さんの二人であった。

小川プロとしては、三里塚の運動が終焉していく中で、次の活動拠点を探していた頃である。

そして、一つは九州の筑豊、もう一つは東北の農村を考えていたようだが、三里塚で見えてきたものと、炭鉱、農村を繋ぐ視点を全員で考え探していたのだという。

そんな時、渡辺さんが当時の『朝日ジャーナル』（一九七三年十二月七日号）を読み、その中のぼくの書いた文章が響いたというのだ。

『朝日ジャーナル』は「ニッポン狂奔列島」という特集を組んでおり、その中で「いまこそ発想の転換を」という小特集に何人かの人の意見を集めていた。山形の農民で「山びこ学校」の生徒であった佐藤藤三郎さんや、消費者運動の野村かつ子さんと並んで、ぼくも文章を寄せていた。

ぼくの文章に編集部がつけてくれたタイトルは「ふきだまりの中の反逆」であった。

この中でぼくはこんなことを書いていた。

「日本の産業発展の中で、肉体労働を強いられ、故郷を捨て、寄せ場としての寿地区にやってきた人々の多くは、信じていた親や友人、企業や地域に裏切られ、斬り捨てられたのである。そのゆえに自らの身体一つを賭けて生きてゆくしかなくなってしまった人々なのである。こうした街の労働者が、真に求めているものはけっして裏切ることのない人であり、自分たちと同じような生活をし、苦労を分かちあえる人間なのである。寿の労働者は、自らの力（権力）によって斬り捨てる立場に立ったことがない。

常に斬り捨てられる側にしかいなかった。

それ故に弱いものの味方を本能的にする。

斬り捨てられる側の気持ちに共鳴してしまうのである」

今から四十年ほど前の日本では、石油を含めエネルギー問題や資源問題で大きな試練に立たされていたのだが、そうした現実への見方は一般社会人とは違う発想を寿の労働者はしていた。

「石油がなくなる？　そりゃ結構じゃねーか。車もってる奴はそりゃあ困るだろうけどヨ、俺たちにゃ石油なんかなくたって生きていかれっからヨオ」

「チリ紙がなくなる、いいねえ、あれで困る奴てえのは水洗便所の奴らだろ。俺たち、新聞紙だっていいじゃねえか」

しかし、日本でも構造不況が進行し始めており、仕事が減り、物価も高くなった。そのため以前にも増してアルコール中毒になる日雇労働者も増加した。

ぼくはこの文章をこのような形でしめくくっている。

「利用されるだけ利用された人間の情念。捨てばちの人生。その深い巨大な反逆の凄さと悲しさをまだ誰も知らない。海が、土が、そして大気が同じように利用され、かえりみられなかった時、どのような反逆が引き起こされるかを知らないと同じように、寄せ場で利用されつづけた人間の叫びを誰も知らない。十一月末のある夜、寿の簡宿所が火事になり、四人の死者と三〇人を超す被災者が出たが、街の労働者が、その夜の宿泊所をつくり、食事を用意し、衣類を持ち寄って支え合っているのを見る時、危機における人間の関係の蘇生ということを寿の街で改めて考えさせられている」

渡辺さんと湯本さんと寿生活館で会うことを約束していた日、ぼくは寿の街のトラブルを止めようとして頭部を強打し、意識を失って救急車で大学病院に搬送されるところであった。

二人共ビックリして病院まで来てくれたそうだが、ぼくの意識はしばらく戻らず、寿という街の厳しさを実感したと渡辺さんは語ってくれた。

それからしばらくして、小川プロのスタッフは寿生活館の隣にある簡宿所「第二双葉館」に部屋を取り、寿の人々と交流していくようになるのだが、カメラを回すことはできなかった。

同じ簡宿所（ドヤ）に住んでいた田中豊さんという人と知り合いになり、その人の個人史をポツポツと聞き取り、田中さんも小川プロの若者たちと親しくなり、少しずつ部屋の中での撮影が始まった時、田中豊さんが亡くなったという情報が飛び込んできた。

路上で倒れ、救急車で運ばれた病院で亡くなったのだが一週間近く、身元不明のまま放置されていたのである。田中さんの姿が見当たらず、街の人々も探しており、ようやく病院に遺体があることが分かり、このような形で人が街から消えていく現実が小川プロの人たちにも感じとれた瞬間であった。

そして、田中豊さんの小さな葬儀をやることになったのだが、その場面を撮らしてほしいと小川プロのスタッフは必死になって、街の人に頼んだ。

寿の人間は見世物じゃないと拒否する人もいたが、これまでの数カ月のつき合いの中で、小川プロの関わり方を見てきた人々からは了解がとれ、本格的に撮影が始まったのは、この田中豊さんの死と、その葬儀の場面からであった。

誰もがこれから先の生活に不安をもっており、そしてこれまでの人生を語ることなく暮らしている寄せ場の中で、一人ひとりの人生が丁寧に刻明に記録され始め、一九七五年に『どっこい！人間節』は完成したのであった。

生きるための越冬闘争

八月十一日は晴れであった。

午後一時からは寿公園でカレーライスの炊き出しが行われ、映画の上映は午後三時から、寿生活館の四階で行われた。

四階は寿の人々の娯楽室となっている。

実行委員の鹿児島さんは、寿日雇労働者組合の委員長を長くやってきた人である。もう髪も真っ白で、年はとったが昔と変わらず元気であった。

また渡辺孝明さんは、あの作品を完成させてから小川プロを離れ、映画監督として独立し、一九八〇年代に『寿ドヤ街　生きる』と『寿ドヤ街　生きる2』をつくり、その後もさまざまな作品を発表していた。

本当に久しぶりの対面であった。

会場は椅子に座るように配置すると六〇名ほどしか入れないと言われていたのだが、満員となり一〇〇名を超える街の人々で一杯となった。

そして約二時間余り、四十年前の寿町の街や人々の姿が、まるで今ここにいるかのように生々しく映し出され、ぼくも一気に当時に戻ったような気分になっていた。

この映画に登場していた日雇労働者、街の人の多くは既に亡くなっている。その人々の語る言葉がどれも、これからのぼくらへの遺言であるかのように伝わってくる。

筋ジストロフィーという難病をもつ高橋さんは、これまでの苦しかった人生をふり返りながら「寿にいると安心する。ここで住みたいと思う」とくり返し話している。

ある時、高橋さんは呼吸困難になり、街の人たちが支え、救急車が呼ばれた。その時、年輩の志村のオジさんが舌をかまないように手拭を口にはさみ、「高橋さん、もう大丈夫だよ、皆が来ているし、俺もいるから、安心しな。ユックリ息を吸って、力を抜きな。俺たちは皆、家族じゃん。いつも一緒さ、俺だっていつどうなるかわかんねーさ、なあ皆で助け合っていこうや。わかるだろう高橋さん」と語りかけている。高橋さんは、目を開き、志村さんを見つめながらウン、ウンとうなずいている。

こうした場面を見ていると、四十年も前の寿の街での日々の光景が一つ一つ蘇ってくる。

高橋さんは、街の人たちとやっていた「寿夜間学校」「寿文学研究会」に参加し、一緒に学び合っていたのだが、寿の夏祭りに、このメンバーで祭りのハンテンを着、顔にまっ白な化粧をして、歌を唄いつつ街を練り歩いたことがある。

高橋さんもうれしそうにぼくの隣で肩を並べて歩きながら「いいですねえ、ぼくは寿がぼくの故郷だってハッキリ思います。皆が辛い体験してるから分かりあえるんですね。ぼくは寿に出会えて本当によかったですよ」と言っていたのを思い出す。

この映画には一九七四年から本格化した不況のため、寿の労働者、住民自らによる「越冬闘争」が記録されている。

暮れから正月の四、五日にかけて職業安定所も閉鎖され、仕事が全くなくなる。

貯えのない日雇労働者は、日々の食事や宿泊所にも困ることになるが、特に高齢者や心身に障害を負った人々にとっては、寒い冬の季節は「死の季節」でもある。そのため、寿公園で毎日、朝と夕方炊き出しをしたのだが、食事に来る人は一〇〇〇人を超え、一六〇〇人になることもあった。

当時は他ではやっていなかったので、川崎や東京、中には関西から来る人までいたほどである。そのため毎朝毎夕、炊事担当は大変で、午前四時には起きて、米を炊き、おかずや味噌汁づくりに取り組んでいた。また、そのための買い出しで目の回るような忙しさであった。

さらに泊まれない人も多かったので、布団を借りて生活館の三、四階で寝泊まりをしたのだが二〇〇人を超え、廊下でも寝る人が出る状況であった。

またパトロールといって、路上で寝ている人に声をかける活動もしており、チームをつくって二時間おきに街の中を廻って歩くこともしていた。ぼくら生活館の職員は、主に相談の仕事をやることになり、昼も夜もなかった。

小川プロのカメラは、こうした冬の季節に路上に立たずむ労働者の声も映しとっていた。

「俺たちはヨ、何かしてくれっていうんじゃねーんだよ。とにかく働きてえんだ。仕事あればヨ、バリバリ働くよ。だけどよ、こんなに仕事のねえ年はないぜ」「市長や県知事は、正月ノンビリしてやがるだろうぜ。俺たちにうどんの一杯も食わせろってんだ」

この寿町の越冬闘争の中心になっていた日雇労働者の久保進さんも登場してくる。

この越冬の間に数多くの労働者が亡くなっていったことがあり、久保さんから激しく言われた言葉をぼくは今も忘れない。「あんたらは寿の人間じゃないよ。あくまでも横浜市の職員。首になるのがこわいんか。上に命令されたことに従ってるだけか。へん、そんな人間だったのかよ。寿の人間のこと本当に考えてんのか、返事してみい。口先だけで相談のってるんか。身体はってやってみろよ。俺たち一銭の給料ももらってないぜ。あしたがあらへんのよ、俺たちには。仲間の死は、あしたの俺の死なんだよ」

二時間余りのドキュメンタリー映画は白黒フィルムだが生々しく迫ってくる。

この映画を観た人の多くは、はじめて観ることになり、当時の様子や登場してくる人を知らない人も多かった。

映画が終了してから、当時の様子や映画スタッフとしての思いをぼくと渡辺さんが話したのだが、ほとんどの人がそのまま残って、ぼくらの話を聴いてくれた。これも驚きだった。

ぼくはその日、寿時代に写真に写った人や風景をコピーし、一冊の冊子として全員に配り、その人の思い出や、記憶を話した。

そして質問もあった。その中に、寿の夏祭りで今も歌っている「寿音頭」がその頃つくられたのではないかという質問があった。

寿の祭りは、はじめは越冬に入る前に行われた「寿冬祭り」がスタートであった。

その何回目かの冬祭りの時、渡部喜義さんというベテランの日雇労働者が「寿音頭」の作詞をしてくれたのだった。

（作詞・渡部喜義）
一、ミナトのまんなか寿町にゃ
若い力があふれてる
荷役だ、土方だ、何でもコイ
寿音頭でドントドント、ドントコイ
二、のんで唄って、おこって泣けば
寿町の夜は明ける
仕事だ、ミナトが待っている
寿音頭でドントドント、ドントコイ
三、稼げ働け、働こう
オイラの街に灯がともる
心に大きな、灯がともる
寿音頭でドントドント、ドントコイ

単純な歌だが、横浜の港湾労働者が多い寿町の特徴をよく示しているし、実に歌いやすくリズム感もよかった。

あれから四十年、寿音頭が歌われ続けているということもうれしいことであった。

寿エイサー隊の道ジュネー

寿夏祭りの数日前、横浜市鶴見区にある市民ボランティアグループが「貧困率16％の日本〜地域での支援と、これからの社会」というテーマで講演会を開催し、そこでぼくは「寿日雇労働者組合」の近藤昇さんの報告を聞いた。

近藤さんは、一九九三年から横浜市内でも路上生活をせざるをえない人が多くなっていることに気付き「路上生活者を支える会」をつくり、パトロールやさまざまな支援活動も行ってきているという。パトロールで路上生活をしている人に話を聞くと「三日間、誰とも話をしていない」という人がかなりいるという。公園や河川敷《かせんじき》、駅、道路などで暮らしていても、誰も声をかけてこない、つまり無視されている状況が多いことに気付かされたという。

国や県、市でも、目視による路上生活者の概数を調査しているのだが、横浜市内では今年（二〇一六年）一月で、五三六人と発表されている。多いところでは、大阪市、一四九七人。東京二十三区、一三一九人。川崎市、三八三人。名古屋市、二一一人。全国では六二七七人と報告されているという。一時期は二万人を超えていたのだが、数は減少していると言われているが、近藤さんは、行政職員による夕方時点での目視なので、実際にはもっと多いだろうと予測していた。

近藤さんは、非正規雇用と呼ばれる、いわば日雇労働者が相当に増えており、ローンで家を買っても、返済ができず手放す人も多く、路上生活者（ホームレス）は、今後も増加すると見ている。ホームレスは、誰でもがなりやすい状況になっており、言葉を変えれば「経済難民」とすら呼べるのではないかと話された。

一方、寿町はどうなっているかというと、現在の人口は約六三〇〇人ほど。男性の高齢者、しかも一人暮らしの人が多く、六十五歳以上の高齢者は四〇%を超えているという。

また生活保護者が八〇%近く存在し、寿の街は、かつての日雇労働者の街から、「福祉の街」へと変化しているという。

長期滞在者も多く、余り移動がないため、活気も失われているようだ。

近藤さんは、寿の街で今、目指しているのは「人が路上で死なない社会をつくること」だという。

そのため、横浜市内、神奈川県内の市民の人々と協力して、炊き出し、夜間パトロールを行っているというのだ。

寿町には「はまかぜ」という宿泊提供施設があり、ホームレスの人たちが、ここで暮らし、健康を取り戻すと地域社会で暮らしていけるようサポートもしているという。

寿夏祭りの最終日（八月十五日）には、地元の徳恩寺という寺の協力で、物故者の供養が行われる。

そして夕方からは「寿エイサー」を踊りつつ、寿の街を練り歩く。

今回の実行委員長の長澤浩一さんはこの「寿エイサー」の代表者でもある。

長澤さんが、はじめて寿町に足をふみ入れたのは一九九九年。それまで様々な仕事もし、経済的にも安定していたのだが、不渡り等をつかまされ、寿町に流れつき、寿の住人になったというのだ。

若い頃、東中野にある「あしびなー」の店主、金城吉春さんと出会い、すすめられて「東京エイサーシンカ」に所属し、つらい時、苦しい時、習い覚えたエイサーに励まされてきたという。

そこで、寿町で出会った仲間に声をかけ、エイサーの手ほどきをし、練習をくり返し、遂に「寿エイサー」という新しいエイサー団体をつくりあげたというのである。

中国にあった「ウラ盆」がお祭りになり、相馬の人、袋中《たいちゅう》上人がそれを学び、沖縄（琉球）の野あしびとつながって、琉球のエイサーが生まれ、各地に拡がっている。

沖縄出身の金城吉春さんが拡めた「東京エイサーシンカ」を学んだ長澤さんが、何と寿町にそのエネルギーと息吹を伝え根付かせたというのである。

そして今年も寿エイサーは、寿の街を「道ジュネー」（廻って歩く）するというのである。

ぼくも十五日の夕方、寿町を訪ねた。

ぼくが沖縄で見てきたエイサーが、服装もそのままに、紫色の鉢巻きをしめ、パーランク（半平太鼓・ハンビラデーク）をバチでたたき、かけ声も勇ましく、寿公園に集まったエイサーグループは、ユックリと寿の街を進んでいく。ピーピーッと指笛が鳴り、次々と参加してくる人が増えてくる。

全国各地から集まってきた、年齢も異なった人々がいつのまにか、エイサーのリズムとパーランクの音に合わせて身体を動かし、一緒に歩き踊り始める。「今年も寿の街が平和でありますように！」

長澤さんの大きな声が天と地に響きわたる。

いつしか心が一つになっていく。「イチャリバ、チョーデー」（出会ったらみんな兄弟姉妹）、「踊りは人と宇宙をつなぐ」「祭りとウークイは一人ではない、みんな一つの大宇宙」

道ジュネ（道順ネ）の囃子が重なり合う。

ヒーヤ、ハイヤ、イヤサハ、ハイヤ
スイ、スイ、アッティ、アッティ、サー、サー。
やがて、「仲順流り（ちゅんじゅんながり）」が唄われ、踊られていく。
「仲順流りや七流り
黄金ぬ囃子七囃子
七月七夕中ぬ十日
親ぬ御恩や深しむん」
この歌の意味は次の通り。
「聖者の御光は全てにおよぶ
尊い言葉はどこにでもとどく
七月十五日、旧盆は大事な日
親先祖の恩を思う時」
「寿エイサー」隊が、寿の街を練り歩くのと一緒に声を和し、囃子を合わせていると、ぼくは沖縄にいるような錯覚に陥る。
いや錯覚ではなく、寿の街は沖縄にもアジアの国々にもつながる共通の宇宙を秘めているのではないかという気がしてきた。
いのちあるものは、上も下もなく全てが平等であり、共に生きる仲間であることを。差別したり、無視することなく、同じ世界を一緒に生きる仲間なのだ。

寿の街にたどり着き、亡くなっていった無数の人々の魂が、今この「寿夏祭り」に集まってきて、交流し合っているように感じる。

いま時代は大きな転換期にきている。

その中で、ぼくは寿の街で暮らし、沖縄の島で生活してきた。

その二つの世界、二つの宇宙が今融合しようとしている。

もう少ししたら、泰山塾の場も、この寿生活館の四階でやれるといいなアと考えている。

祭りは、相互交流の場であり、出会いの場となる。そのことを改めて感じているこの頃である。

十九、暮らしの旗を立てて生きる

家族が安心して暮らせること

米軍の普天間飛行場（沖縄県宜野湾市）の移転問題をめぐって、国は辺野古への移転を進めているが、沖縄県民の多くは、この移転に反対をしており、対立が続いている。

そして、沖縄県の民意を示す県知事選挙で、辺野古移転に反対をしている翁長雄志知事が一〇万票の差をつけて選ばれることになった。ところが、翁長新知事が就任する直前に、仲井真弘多前知事によって新基地の埋め立て工事が承認されてしまった。国は前知事の承認を得たとして、埋め立て工事を開始したのだが、それはいかにも強引だとして翁長新知事は「埋め立て」の差し止めを主張し、県と国とは対立したまま、しかし埋め立て工事は押し進められてしまっていた。

こうした状況を見て、福岡高裁は両者は和解するよう勧告をし、国と県はしばらく工事を中断して話し合いが行われたが、中々折り合わず国は二〇一六年七月に沖縄県を訴え、埋め立ては適法であると主張したのであった。

国側の訴訟は一日も早く、市街地にある普天間飛行場の危険を除き、日米の信頼関係を維持するためにも移転先の埋め立ては前知事の承認もあり適法であるという主張である。

それに対し、沖縄県の主張は、前知事の承認は充分な環境調査も行われておらず、議会の承認もない中で独断で行われており、県民の意志にも反し、地方自治の理念にも大きく反しているというものであった。

この間、埋め立て工事は中止されていたのだが、七月に国側の提訴が行われ、わずか二カ月で、しかも口頭弁論二回という異例の早さで、二〇一六年九月十六日の午後、福岡高裁（那覇支部）で判決が言い渡されることになった。

その結論は、国側の主張をそのまま認めたもので、辺野古新基地建設のための埋め立ては適法であるというものであった。

いかに国の意見であっても、地方自治体の議会及び県民の意志を無視することはできないはずである。

辺野古移設をめぐる国と県との対立に、司法の判断が示されるのは今回がはじめてであり、注目されていたのだが、長年にわたって基地建設に反対してきた県民や沖縄県の思いを無視した判決に、主権在民、民主主義の理念が押しつぶされるような怒りがこみあげてくる。

今年（二〇一六年）の七月十日に行われた参議院選挙では、自民党、公明党を中心とした改憲勢力が三分の二を確得したが、沖縄県では、新基地を押しつけようとする安倍政権への怒りが広がり、選挙結果として明確に民意が示されていた。

米軍普天間飛行場（宜野湾市）の名護市辺野古移転に反対を掲げ、立候補した伊波洋一さん（前宜野湾市長）が三五万六三三五票で大勝した。辺野古新基地推進を掲げた、沖縄北方担当大臣で自民党現職の島尻安伊子さんは、二四万九九五五票。約一〇万票の大差がついた。

伊波洋一さんの当選で、辺野古反対派が衆参両院の県内選挙区を独占し、容認派の自民党はこれで議席を失ったことになる。

さらに、仲井真前知事を今回同様の一〇万票余りの大差で翁長現知事は当選している。これほどハッキリと沖縄県民の意志が示されているのに、国は沖縄県の民意、地方自治体の意志を無視して、新基地建設を強行している。

戦後七十年してもなお、市民一人ひとりの意志は尊重されていないという思いは消えない。

今年（二〇一六年）の八月二十三日、ぼくは沖縄の八汐荘を会場にした、ワーカーズコープセンター事業団が主催した「沖縄の自立的発展と協同労働」をテーマにしたシンポジウムに参加した。

このシンポジウムには、参議院議員となった伊波洋一さん、日本労働者協同組合（ワーカーズコープ）理事長の永戸祐三さん、そしてぼくの三人で、沖縄の自立的発展について語り合った。

その中で心に残っている発言は、「産業革命以後、労働は生産手段の一つとして、全て資本の側に握られ、今は派遣労働のように、売り買いされる商品以下に扱われている。人々の生活と地域に必要な新しい共同体づくりと、その共同体づくりの核として、自分たちにふさわしい誇りのもてる仕事起こしを始めなくてはならない」という言葉と、「沖縄には豊かな共同体づくりと、新しい労働づくりの状況があると思う。一つは、アメリカ、日本の両政府から差別を受け、苦しみ、悩み、自分たちの生活を脅かす現状を、自分たちの力で跳ね返そうとする意志があること。もう一つは、沖縄の伝統的な結いの精神がある中で、支え合おうとする意志があること。自分も大切だが、それよりも相手のことを大切にし合う関係がある。都市社会では共同体が壊れているが、沖縄には新たな共同体づくりと、仕事起こしの可能性がある」という言葉であった。

ぼくは、日本復帰の一九七二年に、名護市で計画された「逆格差論」の発想の再評価について話した。

復帰後の沖縄の開発計画は「日本との格差を縮める」ことが目標で、公共事業と開発事業を中心に、所得を上げ、経済を発展させるということが中心となり、日本に追いつくことが目指されていた。しかし名護市では格差是正をするのではなく、日本的な沖縄をつくるのでもなく、沖縄（琉球）の独自的な生き方、暮らし方をもう一度復活させ、安定し持続できる沖縄らしい暮らしの基盤をつくろうというものであった。

自然環境に恵まれた沖縄では、自然との共存を軸にして第一次産業（農、林、漁業）を大切にし、コミュニティ（地域社会）づくりを通して、相互扶助の社会をつくり、誰もが住みたくなる地域、身心を休めることができる保養地をつくることで地域を安定化させるというものであった。

しかし、その後、経済発展の大きな波の中で、この発想は忘れられてしまったが、今こそ、この名護市の計画を見直したらどうかと提案したのであった。共同売店の現代的再生や、子ども食堂に取り組む市民の活動を、子ども中心から、高齢者、障がい者、市民全体を巻き込んだ地域づくりセンターとして再創造していくことは可能かもしれない。

基地建設に反対する伊波さんは、沖縄が国の補助を受けるのではなく、自立して生きていく道としての暮らしづくり、地域づくり、そしてその基本としての仕事づくりに関心をもたれているのがうれしかった。

それからしばらくした九月四日、福岡県で行われた「九州・沖縄協同集会」に参加した。テーマは「貧困と平和」。基調講演は、一九八四年にパキスタンのペシャワールにハンセン病診療のために行かれた中村哲さんであった。それから三一年、中村さんはＰＭＳ（ピースジャパン・メディカル・サービス）総院長として活動してきた。

医師として治療を始めたが、欧米軍の進攻や大旱魃《かんばつ》による渇水、砂漠化が進み、村人が難民化していく現実と出会うことになったという。

診療所があっても水がない。そのため村人の生存そのものが不可能な事態にまで追いつめられていたというのだ。

飢えと渇きは薬では治せない。中村さんは一六〇〇本の井戸を掘り、農業用水路の建設を始め、一五万人の生存を確保した。日本の江戸時代の工法を活用して用水路もつくり、農業事業を行い、多くの人々の自立的生活を実現してきた。

結局、人間は水と食料がなければ生きられない。用水路と農業を復活させることがもっとも大切なことだと中村さんは実感したというのだ。

自分の故郷に自分の家族と一緒に住める。そして三食が安心して食べられる生活を自分たちでつくること。それが生きていく基本。そのためには、ともかく自分たちで何でもつくっていくことができれば暮らしはつくれる。中村さんは「いかに自然と共存するか」それが基本だと言うのだ。

アフガニスタンは、今も欧米軍によりテロの拠点として攻撃されているが、実際は無差別爆撃で市民、子ども、老人が亡くなっている。

戦争よりも食料の自給が大切。人と人、人と自然がどのようにつき合っていくか、一緒に生きるか、それが問われているのではないか。最後に中村さんは言われた。「人にとって何が大切で、何がいらないものなのか真剣に考えてほしい。武力攻撃、軍事力で何も解決しない。他の人、自然と地域でどう生きていくか。それがもっとも大切。今のままでは現代人に未来はないと思う」

『暮しの手帖』の精神

ＮＨＫの連続テレビ小説「とと姉ちゃん」は、『暮しの手帖』の編集者たちをモデルにしてつくられている。

ぼくも『暮しの手帖』を子どもの頃から見ていて、心の深いところで暮らしの大切さを受けとめてきたと感じている。

ぼくは、長いこと「生活者」という個人誌を毎月発行してきたが、数年前から「暮らしのノート」と改題して発行している。ぼくの中には、この発想の中に『暮しの手帖』があったことは確かである。このタイトルと共に初代編集長であった「花森安治」さんのことが心に残っている。

最近、毎日新聞の編集委員である青野由利さんがコラム（「土記」二〇一六・八・六）で、花森安治さんのことを書いているのを見た。花森さんが今から四六年前の一九七〇年に『暮しの手帖』（第2世紀・

8号）に書いた「見よ　ぼくら一銭五厘の旗」というエッセイ（詩）である。まず、このエッセイというか詩のような文章の中で敗戦の日のことを書いている。

昭和20年8月15日
あの夜
もう空襲はなかった
もう戦争は　すんだ
戦争中、誰もが着のみ着のままで眠り、「枕許には　靴と雑のうと防空頭巾を並べ」、夜が明けると靴をはいて　雑のうを肩からかけて　出かけた」が、「そのうち　汽車も電車も　動かなくなった。
やがて召集令状が来る。突然、家が空襲で焼けてしまう。
じぶんの生涯のなかで　いつか
戦争が終わるかもしれない　などとは
夢にも考えなかった

その戦争が　すんだ
……（中略）……
戦争には敗けた　しかし
戦争のないことは　すばらしかった
当時、一銭五厘は戦争中のハガキの値段。

この一銭五厘のハガキで兵隊に召集された。
一銭五厘を　べつの名で言ってみようか
〈庶民〉
ぼくらだ　君らだ
一銭五厘で兵隊になり、傷つき、命を捨とし、くたくたになって歩き、人を殺し、へとへとになって眠ってきた〈庶民〉であるぼくら、君たち。しかし、戦争は終わった。
庶民は〈主人〉になり、役所や大臣が〈家来〉になったのに。つまり〈主権在民〉の時代になったのに、いつのまにか時代は逆転する。それは、言うべきことをハッキリ言わなかった一人ひとりのせいだと花森さんは書く。
一証券会社が　倒産しそうになったとき
政府は　全力を上げて　これを救済した
ひとりの家族が　マンション会社にだまされたとき
政府は　眉一つ動かさない
もちろん　リクツは　どうにでもつくし
考え方だって　いく通りもある
しかし　証券会社は救わねばならぬが
一個人がどうなろうとかまわない
さらに「公害」が各地で起こる時代になる。

公害を起こす大企業は政府は救う。

しかし、公害の被害を受けている個人は救わない。公害をつきつめていくと、倒してはならない大企業ばかり。

もし「公害」を「原発」に変えてみれば、その論理は、現在も共通していることがより明確になる。自分たちの利益のためには、どんな無理でも危険なことでも権利を主張し、その反面、なすべき義務も平気で放棄し、責任もとらず、市民の一人ひとりの暮らしも、いのちも平気で見捨てる。

それは、大企業と、歴代の政府、官僚そのものではないのか。

花森さんは、ぼくら市民のものを言う権利をもう一度、取り戻そうと言うのだ。

さて　ぼくらは　もう一度
倉庫や　物置きや　机の引出しの隅から
おしまげられたり　ねじれたりして
錆びついている〈民主々義〉を　探しだしてきて
錆をおとし　部品を集め
しっかり　組み立てる
民主々義の〈民〉は　庶民の民だ
ぼくらの暮しを　なによりも第一にする
ということだ

そして、花森さんは『暮しの手帖』の精神をハッキリと主張していく。商品テストで大企業の矛盾を明らかにし、庶民の暮らしを守ろうとする。
ぼくらの暮らしと　企業の利益とが　ぶつかったら
企業を倒す　ということだ
ぼくらの暮しと　政府の考え方が　ぶつかったら
政府を倒す　ということだ
それが　ほんとうの〈民主々義〉だ
そう確認した上で、現在のハガキ、七円のハガキに、今度こそ、ぼくらは困ることを困るとハッキリ書き、言っていこうと花森さんは言う。
今度は　どんなことがあっても
ぼくらは言う
困ることを　はっきり言う
人間が　集まって暮すための　ぎりぎりの
限界というものがある
ぼくらは　最近それを越えてしまった
……（中略）……
とにかく　限界をこえてしまった
ひとまず　その限界まで戻ろう
戻らなければ　人間全体が　おしまいだ

企業よ　そんなにゼニをもうけて
どうしようというのだ
なんのために　生きているのだ
花森さんは、今から四十六年前の一九七〇年に、既に今の人間の生き方に深く絶望している。
そして何のために生きるのかを問うている。
ぼくらは　ぼくらの旗を立てる
ぼくらの旗は　借りてきた旗ではない
……（中略）……
ぼくらの旗は　こじき旗だ
ぼろ布端布をつなぎ合せた　暮しの旗だ
ぼくらは　家ごとに　その旗を
物干し台や屋根に立てる
見よ
世界ではじめての　ぼくら庶民の旗だ
ぼくら　こんどは後へひかない
花森安治さんは、武力や軍事力、経済力ではなく、暮らしの中から、暮らしをつくり出す生き方で、共に生きる社会をつくろうと叫んでいるのだ。

暮らしの原点・聞き書き隊

二〇一六年九月十三日に、国土交通省関東地方整備局横浜国道事務局の職員の方々が訪ねてきた。首都圏中央連絡自動車道の新設工事、高速横浜環状南線の工事についての土地収用法の手続開始の告示がなされたので、具体的な手続のための話し合いをしたいということであった。高速横浜環状南線が完成すると、どんなメリットがあるかというパンフレットがある。それによると、次の三点が説明されている。

(1)交通の流れが適正化します。
他の高速道との連絡が強化されます。
道路の混雑緩和、生活道路の機能回復、交通事故の減少、交通の適正化が期待できます。
(2)物流・都市拠点の連絡強化。
中核的な都市と連絡でき、行動範囲が拡大します。物流の効率化にも貢献します。
(3)災害時における緊急輸送道路になります。
消防・緊急活動に速やかに対応できます。

高速道路は、物流を中心とする大企業にとっては有効な移動手段にはなるだろうが、この街で暮らすぼくらの生活には、どのようなメリットがあるのだろうか。これまで使われていた歩行者道路は、至るところで高速道路にふさがれてしまい、遠廻りをして高速道路の反対側へ行かねばならなくなり、地域の交流は間違いなく寸断されてしまう。また、買物や交流する場も少ない町内では、高速道路を使って、わざわざ遠くまで行かなければならなくなってしまう。

そんな不安もあって、町内会でも集まりを持ち、何かメリットはないかと話し合っていく中で、高速道路の側に「道の駅」をつくれないだろうか、という案が出てきた。

そこで、町内会の役員会で「道の駅」について調べてみると、高速道路を使用する人々が休息するための場所としての役割がその中心となっていることがわかった。

トイレとか飲食店、医療室、救急対応、そして地域の特産物の販売などが構成要素となっている。一方、その場である地域のメリットとしては、地域連携機能の場としての活用という内容も含まれていた。地域の人も、この「道の駅」に来て交流できるという効果もあるというのである。

横浜市では、まだ一つも「道の駅」がつくられていないということもわかり、もしユニークなものになるのであれば横浜市としても協力したいという反応もあった。

したがって、高速道路ができるという現実を受けとめつつ、地域の暮らしを守り、農業の活用なども含め、これから町内全体で話し合っていくことになった。

長生会（老人クラブ）のメンバーも、今までの牧歌的な田舎町から、高速道路の走る町に変わってしまうので、何をしようかという話も始まってきている。

町内でいろいろと話し合うにしても、まだお互いがどんな人なのか、よくわからないという話もあり、何かよい方法はないかと考えている時、近くの桂台という地域にある「桂台地域ケアプラザ」の所長さんや、そこを使っていろいろと活動をしている方々と出会うことになった。

そこで伺った内容の中心で惹かれたのが「聞き書き隊」の活動であった。年配の方々が中心なのだが、地域の中で自分のことを話したいという方の話を伺い録音を取って文字に書き起こし、冊子にまとめるという活動である。既に一〇名ほどの人が、この活動に参加し、二〇冊ほどの「聞き書きブック」が完成していた。講習会も行われており、そのワークブック（テキスト）もできていた。

そのテキストには、こう書かれている。

「皆さんがお年寄りに話を聞かせていただいて、それぞれの方の話し言葉で書いて、世界で一冊の本にして、後世に残すことを〈聞き書き〉と言います。この本の中には、語ってくれた人のこれまでの人生で、うれしかったこと、かなしかったことが、まるで宝石箱のように、きらきらしながらつまっています」

一般的には、自分史とかライフヒストリーといって、聞き手がまとめてあげたり、本人が書くのだが、ここでは「話し言葉」そのままで書き残しているのである。それは何故か。

「それは、語ってくれた人の、その人らしさを大切にしたいから。あとで知っている人が読んだ時、〈あっ、これ、おじいちゃんだ〉〈おばあちゃんだ〉とわかる本を作りたいからです」

そして、実際に聞き書きをしてみると、どうなるかという説明もある。①おじいちゃん、おばあちゃんが、生きてきた時代がわかります。②お年寄りからたくさんのことを学べます。③お年寄りが元気になります。

考えてみると、現代人は人と話す機会も少なくなり、孤立している人も多い。

特に年をとると、社会的役割が終わってしまったという感じで、話を聞いてくれる人が少なくなってしまう。

しかし、お年寄りは、いま話したがっているはず。

このテキストの解説にはこう書かれている。

「聞かせてもらおうよ、あの方の人生を。

語りたいんだよ、これまでの苦労を。

伝えたいんだよ、自分の知識や技術を。

そして、認めてもらいたいんだよ、生きてきたことを」

お年寄りの記憶は、まるで大海に浮かぶ島のように、あちこちに点在していて、海で全てがつながっている。海面が下がると、新しい島が次々に浮かび上がってくることになる。「聞き書き」は、聞き手が質問することによって引き出されてくるので、自分が聞きたいことではなく、話し手が話したいことを聞くようにすることが大切。また、語り手の気持ちになって、一緒に泣いたり笑ったりできると、話し手もうれしいに違いない。さらに、聞き手が学ぶ気持ちを持てば、お互いの信頼感も増してくる。

こうした会話を録音し、そのテープ起こしをし、「聞き書き体」という文体で記録し、タイトルや小見出しを入れ、写真や絵、新聞記事などがあれば挿入し手づくりで製本をする。

こうしてできた本は、この世に一冊しかない本で、本人にとっても大切な思い出となり、家族や親戚、友人、孫などにも喜ばれるはず。桂台地域ケアプラザでは、話し手の方から増冊してほしいと頼まれ、うれしい悲鳴を上げているという。

ぼくは、こうした「聞き書きブック」を作る中で、人と人とが親しくなり、また読んだ人ともつながっていくと確信をもった。

そこで先日の長生会では、この「聞き書きブック」を始めませんかと呼びかけたところ、田谷町にある老人ホーム「田谷の里」の九一歳の女性を紹介された。長いこと長生会の副会長をしていた方で、元小学校教師で、俳句の先生でもあったという。今は車椅子で外出もままならないが、記憶はシッカリしているという。人に寄り添うとか、関係を大切にという時に、この「聞き書き」の関係は、きわめて具体的な関係づくりだという気がしている。誰もが語り手になり聞き手になる、新しい世界が生まれる。これこそ、暮らしの基本だと思った。

あとがき

　この本を手にとっていただき、このあとがきに目を通してもらい、とてもうれしいです。

　ぼくにとってこの本は、大きな節目の時期にまとめることができ、大切な記憶に残る作品になったと思っています。

　かつてぼくは「共同体生活」に憧れ、その一員として生きたいと思ってきました。

「新しき村」や「山岸会」「心境農業」など、その当時知られていた共同体を調べ、訪ねて歩いたこともありました。

　伺った共同体はどこでも参加している人々の笑顔とやさしさに出会って、あたたかな雰囲気や、支え合って暮らしている方々に心惹かれ、その一員として生涯やっていきたいと何度も思い、かなり長い間、一つの共同体で生活したこともありました。

　しかし、ずっとぼくの心の中で消すことができずに浮かんでくることがありました。

　それは、それぞれの生活共同体の中での暮らしは安定し、楽しかったのですが、現実の社会に目を移すと、厳しい生活が続いており、苦しみ悩んでいる人々がいることが多く、その状況はより進んでしまうように思われ、その矛盾にも苦しみました。

そこでぼくは日常の暮らしの中で、共同体的関係ができないものだろうかと考え、横浜のスラム街、寿町に住み、そこでお互いに支え合い、助け合う暮らしづくりをしたいと思い、その街に住み地域活動に参加したのでした。

この街での教訓は、そこに住む人々（市民）と、行政とがどう繋がっていくのかということが重要なのだということでした。

要するに、地方自治そのものが共同体の思想で暮らしをつくりあげていくことができるかどうかが重要だと思えたのでした。

自治というのは、暮らしている人々が望む暮らしを実現していくという考え方です。

この思いは今も変わっていないのですが、そのためには生き方や価値観が違う人間同士が、同じ地域で暮らしつつ、どのように協力して生きていくことができるかという課題となって、ぼくの中に定着しています。

その後、ぼくは児童相談所や大学などで生活しながら、二〇〇一年にアメリカで起きた世界貿易センター事件の後、沖縄で暮らすことを決め十四年余りを沖縄で過ごしました。

日本やアメリカの侵略を受け、異文化、異民族の支配下におかれながら、沖縄の人々は自分たちの文化、歴史そして暮らしを受け継ぎ、引き受けながら、平和な島を守り、基地に反対を続けてきました。

そして、島民が一つになって沖縄県知事と共に大浦湾の辺野古への新基地建設に反対するというハッキリした意志表明をすることになりました。

それは、基地のない島、安心して暮らせる島共同体を実現しようという地方自治体の思いが形となって表現されたということでした。

その地域に住み暮らしている住民（市民）が、どのように生きたいのかを明確に表現し行動する姿を、ぼくは見ることができました。

沖縄という島が、生きもののように声を上げ、その思いを実現しようとしていたのです。

また、原子力発電所の建設をめぐって、地方自治体が自己主張をしているところもあります。

住民と行政が交流をし、自らの暮らしを実現していこうとする動きが、一つの可能性として現れてきたように思います。

かつて、東京や横浜、川崎や京都などを中心に、全国各地で革新自治体が生まれ、国の言いなりにはならず、独自の地方自治を実現していく動きがありました。

市民が「市民の政府」を作っていくという志は、共同体生活の現代的姿なのではないかという気もします。

ぼくは昨年（二〇一五年）、ぼくの長年暮らしていた町（村）に戻ってきて、いまは町内の老人クラブに参加しています。

会員の方々と一緒に公園掃除や健康体操などの集まりに参加しながら、終了後にはお茶をのみ、お菓子をつまみながら話し合っています。

そうすると一人ひとりの生活史が語られ、とても共感することが多いのです。

小さな試みですが、この老人クラブで互いに語り合い、やれること一つ一つやりながら、この地域の小さな新聞づくりを始めようということになりました。

とりあえずは、老人クラブ通信のようなものなのですが、その中に一人ひとりの人生を、また感じているること、考えていることを載せていくことにしたいと思っています。

そして、いくつかの文章がまとまったら、冊子をつくりたい、誰かの話を聞く会もつくりたいと思っているのです。

どんなに小さくても、生きている場でお互いの人生を交流させ、一緒にできることをやりながら、自分たちの暮らす地域づくりに力を合わせていきたいと思っています。

可能であれば、自治会をぼくたちの共同体づくりの基本において、本来の地域共同体ができないものかとも考えています。

「新しき村」の理念は、ロシアの作家トルストイの思想の流れをくんでおり、その行き方は「己れの欲せざるところを人に施すこと勿れ」「君は君、我は我なり、されど仲よき」にあると言われています。

この理念を暮らしの中に活かし、老人クラブや子ども会、自治会などを軸に小さな町（村）づくりをしたいと思っています。

それは、かつての共同体の動きと理念、そして革新自治体の運動や活動、そして沖縄での長い長い民衆の運動史と結びつき、交流しながら、暮らしから変えていく小さな動きをユックリとつくっていくことになると思います。

いま時代は明らかに、一部の富裕層（支配層）が中心となって、国家を動かしぼくらの暮らし、まじめに働く市民の生活を抑圧しているように思われてなりません。

その大きな転換点は一九七四年から七五年にかけて、過剰な資本とその生産力による世界的な矛盾が露出した恐慌にあると思っています。

それまでの資本主義社会は、国家による社会福祉政策もそれなりに取り入れ、また働く人々の不満を受け入れ、一定の改良も進められてきていました。

福祉国家論は、その具体的な展開でした。

しかし、こうした政策は一九七五年以降、大きく変わったと思えてなりません。

企業の合理化が進み、大量の人減らしが行われ、解雇や倒産が行われました。

そして労働基準法も改訂され、労働環境は悪化し、非正規職化も進み、低賃金、無権利状態の仕事が拡大したのです。

ウルグアイの元大統領ムヒカ氏は、ぼくらは、大切な日々の時間を利潤をあげるための労働に売り渡しているが、自分たちの時間を自分たちの許に取り戻し、本当にやりたいことに時間を使うべきだと述べてくれています。

一九八五年にいわゆる「労働者派遣法」が成立し、いまや働く人の四割が非正規雇用とのこと。

自治体ですら非正規職員が全職員の四人に一人（約六〇万人）と言われ、教員でも六人に一人が非正規というすさまじさ。

このままでは、ほとんどの人が非正規で働くことになってしまう可能性もあります。

これまでの長い歴史の中でつくられてきたガンジーの思想、田中正造の生き方、そして沖縄の阿波根昌鴻さんの思想に学びつつ、いたるところに自由で安心してつき合える小さな共同体をつくりあげていくこと、それが今の社会を変えていく根本にあると思います。

そんな流れの中で、協同組合の生き方がスッキリとぼくの中には入ってきます。

関西、神戸の地で生活協同組合活動をしていた賀川豊彦の生き方、暮らし方も、ぼくには学ぶべきものが多いと思えます。

協同組合の思想は、共に学び合い、共に働き生きていくという共同体の暮らしを一つの形につくりあげたものにも思えます。

かつてぼくは『生きる場からの発想』（社会評論社）という本を書いたことがありますが、一人ひとりの生の軌跡と向かい合い、ぼくらの生活史から未来への発芽を見つけ出し、今度こそ、生きること、いのちにしっかりと根を下ろした社会と暮らしをつくりたいと思っています。

いのちの奥底からあふれ出る思いと共に、これからも生きたいと強く思っています。

この度、今年七月創業五十周年を迎える現代書館から本書が出版できることに心から感謝し、これからも力を合わせていきたいと思っています。

この本を手にしてくださったあなたと、同じ方向を見つめ共に生きていきたいですね。

いのちあらばまた他日。固い固い握手を。

二〇一七年一月

野本三吉

野本三吉（のもと・さんきち）

一九四一年東京生まれ。沖縄大学名誉教授。横浜国立大学卒業後、小学校教員を経て四年あまり日本の共同体を巡り、その後横浜市職員となり日雇い労働者の町、横浜寿町で生活を始め、生活相談・越冬闘争・寿夏祭り・識字学級・夜間学校などを立ち上げた。その後、児童相談所のケースワーカーを経て横浜市立大学教授となり地域の共同性を追求。その実践の場として沖縄に行き、沖縄大学教授から学長になり、二〇一四年体調不良で二期目途中で退職。現在は横浜市田谷に住み、暮らしに根ざした活動を展開する。

著書

『希望をつくる島・沖縄』（新宿書房）、『沖縄・戦後子ども生活史』『海と島の思想』『子ども観の戦後史』（以上、現代書館）個人誌『生活者』（社会評論社）、『出会いと別れの原風景』『未完の放浪者』『風になれ！　子どもたち』『不可視のコミューン』『裸足の原始人たち』（以上、新宿書房）など多数。

〈繋《つな》がる力《ちから》〉の手渡《てわた》し方《かた》
――離陸《りりく》の思想《しそう》、着地《ちゃくち》の思想《しそう》――

二〇一七年一月三十一日　第一版第一刷発行

著　者　野本三吉
発行者　菊地泰博
発行所　株式会社 現代書館
東京都千代田区飯田橋三―二―五
郵便番号　102-0072
電　話　03(3221)1321
F A X　03(3262)5906
振　替　00120-3-83725
組　版　具羅夢
印刷所　平河工業社（本文）
東光印刷所（カバー）
製本所　積信堂
装　幀　伊藤滋章

活字で利用できない方のための
テキストデータ請求券
『〈繋がる力〉の手渡し方』